¿Hacia dónde vamos?
Caminando hacia el poder horizontal

¿Hacia dónde vamos?
Caminando hacia el poder horizontal

Alfonso Vázquez Atochero

 anthropiQa 2.0

©Alfonso Vázquez Atochero
© anthropiQa 2.0
  Lulu Press Inc (edición compartida)
http://www.anthropiQa.com
editorial@anthropiQa.com
Badajoz, España / Raleigh (North Carolina)

Edición primera, marzo de 2015
I.S.B.N. 978-1-326-22198-0

Internet es el tejido de nuestras vidas en este momento. No es futuro. Es presente. Internet es un medio para todo, que interactúa con el conjunto de la sociedad y, de hecho, a pesar de ser tan reciente, en su forma societal (aunque como sabemos, Internet se construye, más o menos, en los últimos treinta y un años, a partir de 1969; aunque realmente, tal y como la gente lo entiende ahora, se constituye en 1994, a partir de la existencia de un browser, del world wide web) no hace falta explicarlo, porque ya sabemos qué es Internet. Simplemente les recuerdo, para la coherencia de la exposición, que se trata de una red de redes de ordenadores capaces de comunicarse entre ellos. No es otra cosa. Sin embargo, esa tecnología es mucho más que una tecnología. Es un medio de comunicación, de interacción y de organización social. Hace poco tiempo, cuando todavía Internet era una novedad, la gente consideraba que, aunque interesante, en el fondo era minoritario, algo para una elite de internautas, de digerati, como se dice internacionalmente. Esto ha cambiado radicalmente en estos momentos.

Manuel Castells (Internet y la Sociedad Red, 2001)

▼ *2014 (68)*

▼ *diciembre (7)*   89
Elecciones y fe
¿Podrá la justicia española eliminar Uber?
Paraísos e infiernos fiscales y el mito de la patria
Google news echa el cierre en su versión española
Ciberantropología: repensando el modelo social
Medios sociales y prensa: una relación de amor-odio
a vueltas con los derechos de autor

▼ *noviembre (6)*   83
Privacidad vs seguridad ¿Dos caras de la misma moneda?
Derechos humanos emergentes
Migraciones digitales
selfies, la foto de moda
La caída de FB y el hoax en los medios de comunica...
Campamentos FreeNet

▼ *octubre (7)*   70
La rae se digitaliza
Sociedad del Espectáculo: Cuando el show mediático...
¿Revolución digital, Involución educativa? Software
¿Revolución digital, Involución educativa? Ebooks
¿Proceso tecnológico es progreso social?
¿la tecnología nos hace libres?
Los ricos también lloran. O no.

▼ *septiembre (7)*   64
¿Generan bienestar las tecnologías de la Información
No intente hacer esto en su casa
Iphone 6 ¿El mejor teléfono o el mejor marketing?
carril smartphone
Sociedad del espectáculo e industrias culturales
Anonymousgate ¿es el anonimato una garantía?
Celebgate, famoseo al descubierto

▼ agosto (3)   60
El poder de un buen hashtag
Amores encadenados, amores enredados, #lovewithouth
¿Tecnologías para homogeneizar o tecnologías para ...

▼ julio (1)   59
Vacaciones digitales

▼ junio (6)   52
Así domesticamos el mundo: las vacaciones
Fire Phone, cuando Amazon se hizo smartphone
Lobbies contra economías cooperativas
Las economías colaborativas (
El cambio generacional como motor de cambio
Gran Hermano: la red te vigila

▼ mayo (5)   46
¿Quién ese tío de la coleta?
Elecciones europeas 2014 ¿principio del fin del bipartidismo?
El mentiroso digital
Ingeniería social. Cuando la prudencia es la solución
La asunción de roles

▼ abril (5)   41
Ciborg
Comunidades virtuales y redes de cooperación
¿Hay alternativa a la WWW?
El descalabro del estado del bienestar
Así domesticamos el mundo: el dinero

▼ marzo (6)   36
Paranoia Internet
Hacía un nuevo modelo de soporte digital
Así domesticamos el mundo: el arte y el símbolo
Paternidad y evolución del rol del padre
Hacia una nueva dimensión de la cooperación horizontal
Her: amores cibernéticos

▼ *febrero (8)*   28
Burbujas tic, burbujas financieras
no sé, no me acuerdo...
Así domesticamos el mundo: las revoluciones y los ...
Windows invaders
La Europa lowcost
Vigilancia Digital consentida
Feliz Cumple Facebook
Belenestebanización de la sociedad: el triunfo la ...

▼ *enero (7)*   21
Y sin embargo, se mueve
La revolución no será televisada
Gobernar para las élites: Distribución desigual de...
Así domesticamos el mundo: calendario
Impresión 3D
¿Por qué el PISA pisa a España?
Aislados entre la multitud

PRÓLOGO

Si bien es cierto que la eclosión de las telecomunicaciones no nos resulta un fenómeno novedoso, la proyección de sus posibilidades sobre las sociedades modernas no ha hecho más que empezar. Serán las telecomunicaciones junto con las ciencias de la computación y la nueva electrónica molecular las disciplinas que más pronto que tarde traerán consigo un cambio trascendental. El uso de circuitos electrónicos de bajo coste y alta versatilidad ha hecho posible establecer una gigantesca red de conexión interplanetaria (valga como ejemplo las sondas de exploración en la superficie de Marte), nada comparado con las posibilidades que traerá consigo la implementación de los recursos de la nueva electrónica.

El paradigma de la repercusión de las telecomunicaciones y ciencias de la computación lo encontramos en Internet.

Internet es una consecuencia lógica y un inicio indiscutible; de un lado, es el resultado lógico de los avances en microelectrónica que hemos venido logrando desde la aparición del transistor como elemento básico y fundamental de los circuitos electrónicos (no confundir con el término que coloquialmente se acuñó para denominar a los receptores de radio); de otro lado supone el comienzo de un nuevo uso de los últimos y venideros avances electrónicos.

Si fuera Internet un elemento tangible sería la plasticidad su cualidad más característica. Debemos diferenciar entre Internet como red física, dotada de una capa lógica de protocolos, cada vez más sofisticados y, la herramienta multiforme que el anterior pone a disposición de los diferentes usuarios y beneficiarios de su propósito. Cabe destacar que son precisamente los usuarios los que dotan a la red de esta característica de plasticidad y contribuyen a que las posibilidades de la herramienta establecida se conforme con un potencial que crece junto al tamaño del entramado físico de máquinas conecgtadas.

El impacto de internet en las sociedades a las que denominamos modernas, y muy pronto en aquellas zonas del planeta aún en vía de desarrollo, tanto en el aspecto socio-económico como a nivel cultural está siendo indiscutible (cabría destacar el arbitrio que provoca en algunas de las decisiones a escala mundial por parte de los poderes políticos); un impacto que se encuentra aún en una fase muy inicial y del que sus consecuencias han venido siendo impredecibles. Nuevos modelos de negocios, empresas, servicios; nuevos órdenes en las transacciones económicas; nuevas formas de relacionarse; nuevos modos de manejar y controlar las emociones, un sin fin, en definitiva, de nuevos aspectos que han provocado que la entrada de Internet en nuestras vidas haya supuesto un cambio especialmente cualitativo en nuestra relación con el entorno. Se aprecia también un cambio cuantitativo respecto a tradicionales modelos y propósitos que encuentran en Internet una herramienta perfecta. Se establecen dos tendencias bien diferenciadas, de un lado los logros y nuevos servicios que Internet pone a nuestra disposición venidos de la mano de nuevas formas de negocio y servicios; de otro lado los recursos desinteresados de usuarios que encuentran en Internet una nueva forma de expresión y una herramienta con la que poder relacionarse con su entorno bajo unas reglas inexistentes hasta ahora. Sin duda ninguna el uso bidireccional de Internet (la recogida y aporte de información y servicios) tanto a nivel individual como a nivel colectivo ha supuesto un cambio conceptual en la forma de relacionarnos y de entender las sociedades tradicionales.

La importancia y el potencial de Internet quedan de manifiesto cuando comprobamos que, a nivel mundial, las mayores potencias y los países más controvertidos para con el sistema económico-social predominante establecen una especie de partida de ajedrez que mucho tiene que ver con los contenidos y posibilidades que la red nos ofrece. Hoy por hoy la explotación económica y control a aquellos países en vía de desarrollo (desgraciadamente sigue siendo una realidad) tiene un coste mayor en credibilidad para el país ejecutor. Queda Internet de este modo llamado a convertirse en el primer y más relevante mensajero de la actualidad pudiendo llegar a condicionar en ocasiones las decisiones más trascendentes en política mundial. Aunque no estamos sugiriendo que Internet por sí solo esté llamado a transformar la sociedad, un uso libre y activo del mismo nos presenta un futuro más esperanzador.

No cabe duda de que más allá del aspecto global y de la repercusión que Internet pueda tener sobre sociedades futuras este toma verdadera relevancia en la cotidianeidad de la vida de las personas. Gran parte de nuestro tiempo lo pasamos interactuando desde Internet. Unas veces de forma explícita y otras de manera transparente o implícita hábitos cotidianos tienen una estrecha relación con la red Internet; el pago en un supermercado, la solicitud de una cita médica, la recepción de una llamada telefónica o la activación remota del aire acondicionado del hogar son todas acciones cotidianas que pueden valerse de las posibilidades que nos ofrece Internet y aunque estas acciones podrían realizarse mediante otros recursos, no cabe duda que el uso de la red las agiliza y simplifica. Otras necesidades actuales sin embargo solo pueden ser cubiertas de forma satisfactoria con el uso de las telecomunicaciones e Internet, valgan como ejemplo la investigación multidisciplinar de equipos científicos que nos llevan a continuos y prósperos logros en infinidad de aspectos fundamentales en nuestras vidas o el uso del recurso por aquellas personas que en determinadas ocasiones solo con él encuentran la manera de no desfallecer. Nacen a la sombra de Internet servicios necesarios que le son propios y otros absolutamente prescindibles.

Nuestro sistema económico es un sistema basado en los servicios y no en los recursos. Desde la producción de un bien o explotación de un recurso natural hasta su aprovechamiento, este recorre un largo camino de servicios que en la mayoría de ocasiones y bajo otra perspectiva serían ciertamente innecesarios. Es esta mina de servicios la que en realidad sienta las bases de la economía actual. Internet no ha quedado ajeno a este mismo modelo y con ello de entre todo el trigo que podemos cosechar en nuestro acercamiento a la red global tenemos necesariamente que separar grandes cantidades de paja. En los primeros años tras la aparición de Internet, la principal actividad del usuario novel era la búsqueda o recogida de información. Actualmente el usuario, desde un primer momento se convierte en protagonista más o menos activo y creador de contenidos de menor o mayor relevancia.

En la evolución de los recursos que Internet pone a disposición del usuario y el modo en que este los aprovecha se han dando situaciones inverosímiles. Hasta hace muy poco lo lógico era pensar que un punto de encuentro tan extenso no era necesario para nuestras relaciones interpersonales del día a día, la práctica ha puesto de manifiesto que es Internet un sumidero para cualquier tipo de comunicación instantánea con nuestro entorno más cercano y que además en determinados rangos de edad una herramienta de uso tan cotidiano como imprescindible; casi la totalidad de los adolescentes en las sociedades modernas se valen de Internet como elemento primordial para socializarse.

Usamos el entramado físico de la red Internet a diario, recogemos y aportamos información en una práctica habitual, podemos decidir qué servicios nos interesan y aquellos que preferimos ignorar. Con nuestra participación en determinados círculos de opinión enfatizamos nuestras posiciones ideológicas, aprovechamos los recursos para agilizar y facilitarnos tareas cotidianas. Tenemos la posibilidad de adquirir mayor juicio en las posiciones adoptadas frente a acontecimientos importantes dado el mar de información a nuestra disposición cada vez más independiente. Si definitivamente aceptamos que Internet está cambiando nuestra forma de relacionarnos y que además somos en parte protagonistas de este cambio cabe preguntarse por el tipo de cambio que queremos. Queda Internet de este modo condicionado por lo que en esencia somos, lo que de él podamos extraer y lo que al mismo podamos aportar que, no será otra cosa que lo propiamente somos como conjunto social.

Es Internet una herramienta de alto potencial que debe ser usada con criterio y en la que la mejor fórmula para aprovecharla es la propia experiencia ajena a interferencias mercantilistas. Es el usuario quien debe decidir si prefiere estar "en red -ado" o enredar con lo que podría no ser más que un novedoso juguete.

En estas páginas se refleja de forma distendida y amena como la red Internet puede mantener en contacto a personas de muy diferente localización, costumbres y posiciones, de tal forma que el conglomerado de ideas, noticias, espíritu y sentimientos quedan a disposición de cuantos pasean por las autopistas de la información. Es el Blog un nuevo útil con muy diferentes propósitos. El Blog "¿Hacia dónde vamos? Ciberantropología y Comunicación Audiovisual" es un punto de encuentro en el que poder disertar sobre que nos deparan los avances tecnológicos y autopistas de la información, como están influyendo en nuestras vidas, en qué modo se verá impactada nuestra realidad social y qué nuevas expresiones culturales traerán consigo.

Hasta el momento conocemos una nueva forma de comunicación de posibilidades impensables hace pocos años. De aquí en adelante nos adentramos en nuevos modelos de percepción.

Alberto Ledo (Notrec)

Aislados entre la multitud

Émile Durkheimn fue un sociólogo que a finales del siglo XIX estudió la solidaridad en las sociedades. En los grupos humanos se establece un sentimiento de unidad basado en metas o intereses comunes, generando unos lazos sociales que unen a los miembros. Este fenómeno no se da sólo en comunidades humanas, también se puede observar entre animales.

Para Durkheim se podía hablar de dos tipos básicos de solidaridad. Por una parte la solidaridad mecánica, característica de los países menos desarrollados, donde sus ciudadanos son menos solidarios puesto que las labores básicas son dominadas por todos, con lo cual no hay necesidad del otro. Por otra parte, en la sociedad orgánica, la fuerte especialización de cada individuo originaría una gran interdependencia, base de la cohesión y solidaridad grupal. Sin embargo, comenzamos el año con una noticia que confirma lo contrario: el hallazgo de una anciana que llevaba muerta dos años en su casa.

En las sociedades modernas y postindustriales, se crea una tremenda bolsa de exclusión y aislamiento que afecta sobre todo a ancianos, aunque no de manera exclusiva. También se ven afectados otros sectores debidos a razones económicas o personales. Aunque resulte paradójico, en las multitudinarias sociedades occidentales es muy fácil permanecer aislado en la multitud.

8 DE ENE. DE 2014

¿Por qué el PISA pisa a España?

Cada vez que el polémico informe PISA ve la luz, prensa de uno y otro color se rasgan las vestiduras y aprovechan la coyuntura para desparramar veneno sobre el sistema escolar (sobre el público, normalmente) o sobre el partido no afín. Rara vez profundizan en razones, y su táctica está más próxima al aforismo "ofende, que algo queda". Hasta ahora parece que ningún grupo de opinión se ha planteado si debe ser la OCDE, una institución puramente de corte económico e industrial, la más indicada para llevar a cabo este tipo de estudios. Tampoco nadie se ha planteado la opción de que Spain is different es un factor de mucho peso. No está claro que seamos Europa pero sí es cierto que los Pirineos son una barrera mucho más infranqueable que el estrecho de Gibraltar.

Para bien o para mal somos diferentes. Y si culturalmente no somos iguales, la escuela, que es un sub-sistema social, no va a ser la excepción. De hecho, sociólogos como Bourdieu ya denunciaron esta función reproductora del sistema educativo. Pero si nuestros escolares fallan, no todo se debe a la escuela. La escuela se ha convertido en un paño de lágrimas y los docentes españoles deben cumplir funciones de enseñantes, padres, enfermeros, asistentes, amigos, psicólogos... La escuela ya no solo enseña, sino que educa en el sentido más amplio de la palabra. Pero junto a ella, existen una serie de elementos educadores subsidiarios, como la televisión, la publicidad y el propio entorno. La sociedad en sí que encultura al individuo y lo prepara con afán continuista. El cambio que pueda llegar a través de la escuela es lento, y a veces llega a lo largo de varias generaciones. Por ello, lo que se vive fuera del aula impregna más que lo que se aprende dentro.

De poco vale intentar enseñar en el pasado glorioso del siglo de oro si en las librerías del siglo XXI arrasa el libro que en su portada lleva la foto de Belén Esteban. De poco vale que se enseñe música en las aulas si el disco más vendido es el de Kiko Rivera. De poco vale hablar de esfuerzo si los modelos de éxito que vomita la televisión son los canis de gran hermano y realitys al uso. De poco vale hablar de honestidad cuando la corrupción es el gran cáncer de la clase política y hasta el entorno del rey Juan Carlos está implicado hasta las trancas. Pero lo peor es que estos valores no solo se ven en personajes lejanos. De poco vale intentar inculcar educación vial cuando a la salida del cole legiones de padres irresponsables creando un caos circulatorio a diario. De poco vale intentar educar en civismo cuando de camino a casa ven decenas de ejemplo de lo que no se debería hacer. Y de poco vale esforzarse en educar a las nuevas generaciones cuando tanto desde casa como desde los propios medios de comunicación se trata de desprestigiar al cuerpo docente.

Quizá tengamos lo que nos merecemos. Quizá tenga razón el informe PISA. Pero quizá sería más interesante y fructífero que esa evaluación se hiciera a los adultos, a la propia sociedad. Tal vez escucharíamos muchas conclusiones que no nos gustarían en absoluto.

11 DE ENE. DE 2014
Impresión 3D

La tecnología no deja de sorprendernos y los mercados tiemblan de gozo cuando una nueva invención llega al cliente masivo. Parece ser que el nuevo juguete informático es la impresora 3D. Por un precio que ronda los 500 €uros podemos encontrar ya modelos básicos. Partiendo de estos importes, podemos aventurarnos a pronosticar que 2014 será el año de este nuevo dispositivo doméstico.

Hasta la prensa está ya metida en el asunto animando a los potenciales compradores, alabando las potencialidades de estos equipos que, con modelos de gama alta, son capaces de reproducir piezas utilizadas en aeronáutica. Aunque los aparatos y consumibles destinados al cliente doméstico no podrán dar a sus dueños la satisfacción de imprimirse por partes un avión auténtico, seguro que en breve comenzaremos a ver en directo los resultados de estos aparatos.

16 DE ENE. DE 2014
Así domesticamos el mundo: calendario

13ª colaboración en la sección Así domesticamos el mundo del programa Cosas que pasan de canal Extremadura Radio. Hoy hablamos de los calendarios

La necesidad de medir el tiempo y registrar los eventos ha fascinado a los seres humanos desde hace milenios. Hay sociedades lineales, con una historia acumulativa que conmemora épocas y personajes épicos y otras cíclicas, cuyos eventos se repiten y no tienen fechas fijas del pasado para rememorar. Los registros arqueológicos arrojan restos de un calendario de 10.000 años de antigüedad en Irlanda. Milenios más tarde, en diferentes puntos de globo y en civilizaciones aparentemente sin una conexión posible, comienzan a aparecer sistemas de medición cronológica. Todos ellos se basan principalmente en ciclos solares o en ciclos lunares, debida a la importancia de ambos astros en la vida humana. Aunque la existencia de puntos clave en el recorrido de la Tierra alrededor del Sol, los solsticios y los equinoccios, es el hecho de que los calendarios solares predominen en la actualidad.

Con los calendarios aprendimos a anticiparnos a las estaciones, cuándo sembrar, cuándo cosechar... las fechas, los puntos clave, fueron pasando de un sistema cultural al siguiente, que se limitaba a cambiar el nombre del evento. Los calendarios no nos han permitido dominar la naturaleza, pero sí conocerla. Sin embargo, el almanaque, ese constructo social, ha sido capaz de domesticarnos. En una sociedad globalizada y capitalista, el calendario no se limita a marcar la llegada de las estaciones o los tiempos de celebraciones. El calendario nos marca cuándo, cuánto y qué debemos comprobar. A la llamada de ya es primavera en el corte inglés, millones de compradores acuden de manera compulsiva a adquirir productos que no necesitan para impresionar a gente que no les importa (el club de la lucha). En navidad, hay que comer pavo, langostinos y brindar con champagne. Aunque nos guste presumir de libertar, somos totalmente predecibles y manipulables

20 DE ENE. DE 2014
Gobernar para las élites:
Distribución desigual de la riqueza

Oxfam Intermón pública hoy el informe Gobernar para las élites. Secuestro democrático y desigualdad económica. En él se arrojan una serie de datos demoledores: 85 individuos acumulan tanta riqueza como los 3.570 millones de persona más pobres del planeta. Es decir, que menos de un centenar de personas acumula tanto capital como la mitad mundial de la población. Otra desigualdad brutal se produce a la hora de analizar la salida de la crisis, cuando se afirma que en EE.UU. el 95% el crecimiento económico se concentra el el 1% de la población.

Que el 1% de la población mundial acumule la mitad de la riqueza no deja de ser un hecho preocupante, un hecho que además pone en tela de juicio las teorías del clérigo Malthus. Porque sobre la mesa se puede presentar un contraargumento que dice muy poco acerca de la condición humana: el principal problema no es ni la falta de recursos ni la escasez de alimentos. El problema es un orden económico falaz y egoísta que privilegia el ego de unos poco frente a la miseria de la mayoría. Somos víctimas de un orden socio-económico, que no deja de ser una creación cultural arbitraria, que privilegia a unos pocos a costa del resto. Y para ello se dota de subsistemas políticos, militares y religiosos que justifiquen, o traten de legitimar, sus carencias.

23 DE ENE. DE 2014
La revolución no será televisada

Cuando las crisis se recrudecen, las revoluciones afloran por uno u otro motivo. Paralelamente, los dirigentes políticos siempre afirman que estamos a punto de salir de la crisis cuando las revoluciones se recrudecen. Nos encontramos ante una tautología sociológica de vital importancia. Y es aproximadamente lo que está pasando en estos días tras numerosas manifestaciones y encontronazos entre desencantados sociales y decisiones políticas, los primeros reencarnados en ciudadanos puestos al límite y la segunda en las fuerzas de seguridad, que por esta vez abandonan su papel de proteger al ciudadano y se dedican a machacarlo.

La última revolución que hemos vivido ha sido la del Barrio burgalés del Gamonal. Aquí los ciudadanos se organizaron y se opusieron a una decisión Consistorial.

La protesta se hizo cada vez más sólida y los enfrentamientos entre ciudadanía y policía volvieron a formar parte de la escena cotidiana. Inicialmente los medios de comunicación al servicio del poder intentaron arrojar una imagen de vulgar vandalismo callejero. Sin embargo, con el paso del tiempo y la persistencia de los manifestantes esta imagen fue difuminándose y ahora en vez de villanos se convirtieron casi en héroes. Héroes anónimos de lo cotidiano que enseguida captaron la simpatía del resto de conciudadanos.

Algunos canales de información alternativos se ocuparon de esta causa. Es cierto que había potenciales lectores, y las ventas son las ventas. Sea como fuere se comenzó a apoyar mediáticamente la revuelta. Por primera vez en mucho tiempo los manifestantes contaron con el apoyo de algunos medios de comunicación. Se tornaron los papeles y ahora ya no eran tan malvados. Ahora se les dibujaba como ciudadanos comprometidos luchando por una causa justa.

La administración se echó atrás rápidamente. Nos encontramos ante el triunfo de la imagen por encima de todo. De la imagen inicial de bandoleros, los demonizados manifestantes pasaron a ser mostrados como ciudadanos con unas inquietudes y unos objetivos que defender. Gracias a ese cambio de imagen, posible gracias al apoyo de la prensa, cambió el rumbo de la película.

Además del poder de la imagen y de la relatividad de la razón, merece la pena preguntarnos si es posible un cambio social sin una revolución. En la historia hemos visto que no ha sido así. Para cambiar diez siglos de medievo hizo falta una revolución burguesa e industrial que concienciará en poco tiempo lo que mil años de historia no consiguieron. Tras esas primeras revoluciones de finales del siglo XVIII, el rumbo del mundo occidental dio un giro radical. Más recientemente, las revoluciones de Libia, Túnez o Egipto provocaron un efecto similar en algunos estados árabes en lo que se denominó la primavera árabe. De igual manera, ante la pérdida de derechos y de los recortes sociales que están padeciendo sobre todo los estados europeos mediterráneos, la conciencia ciudadana ha comenzado a movilizarse y generar movimientos como la generación a rasca en Portugal o el movimiento 15M en España.

Sin duda, sin protesta el cambio no tener efecto. El desencanto social es el que moviliza a las masas y la revolución de las masas es la única que podrá derrocar las estructuras de poder arcaizadas. Es difícil de prever si el cambio tardará más o menos tiempo en llegar. Igualmente es complicado saber si lo que vendrá será mejor que lo que desechamos. Lo que está claro es que la revolución no será televisada, pero que está a punto de llegar.

25 DE ENE. DE 2014
Y sin embargo, se mueve

La iglesia católica goza de un poder anacrónico en los países mediterráneos. Durante siglos, científicos e intelectuales fueron condenados si osaban a poner en tela de juicio los dogmas de fe o la palabra de la curia vaticana. Y es que, como afirmaba Unamuno, para validar un milagro, sólo era necesario un testimonio, pero para validar cualquier otro hecho había que demostrarlo fehacientemente. Y no hay que remontarse a la Edad Media ni a la inquisición. Hasta 1966 estuvo vigente el Index librorum prohibitorum, o índice de libros prohibidos, mediante el cual autores como Henri Bergson, André Gide o Jean-Paul Sartre eran vetados por el Vaticano mientras que en 2013 se atreven a apoyar textos como cásate y sé sumisa . En pleno siglo XXI la iglesia aún se cree en posición de imponer su ideología. Llevando a escena el aforismo popular de a dios rogando y con el mazo dando, toda la jerarquía eclesial se atreve a hacer declaraciones que no hacen más que dejarlos en evidencia.

Fernando Sebastián, arzobispo de Navarra y Tudela y ahora nombrado cardenal por el papa, se ha quedado tan ancho tras declarar que la homosexualidad es una deficiencia, invitando a los homosexuales a recuperarse y normalizarse con un tratamiento adecuado. Contrasta esta obsesión de la iglesia por meterse en la vida privada de los ciudadanos con su empecinamiento por mirar para otro lado en otros temas más escabrosos que emergen de su propio seno.

2 DE FEB. DE 2014
Belenestebanización de la sociedad: el triunfo la España choni

Cada vez existe una brecha más importante entre los países de Europa central y del norte respecto de sus vecinos mediterráneos. Una brecha no solo económica sino también cultural. Los países del sur de Europa, los que los británicos llaman despectivamente pigs, viven una realidad muy diferente a la que se vive en aquellos países al norte de los Pirineos o de los Alpes. Ellos son la Europa rica y nosotros la Europa pobre. Pero no solo es cuestión de dinero. Hay una serie de factores culturales que nos diferencian de nuestros vecinos.

Está claro que en muchas ocasiones los Pirineos son una barrera mucho más difícil de atravesar que el Estrecho de Gibraltar. Cuando en España el libro de Belén Esteban o el disco de Kiko Rivera son éxitos de venta o cuando Telecinco se convierte en la cadena más vista, es una señal clara de esa brecha. Nos encontramos con una serie de indicadores que nos marcan el progreso de una decadencia cultural sin marcha atrás. Son los mismos indicadores que explican que aceptemos con resignación   unos gobernantes y una administración corrupta.

En nuestro país no hay ninguna universidad entre las doscientas más importantes del mundo, pero eso no es problema porque tenemos algunos clubes de fútbol que sí están en cabeza. Los mismos clubes que defraudan a Hacienda sin recibir ningún tipo de castigo por parte del gobierno, toda vez que este perdón es aplaudido por un pueblo que tiene unos impuestos excesivamente altos para los ingresos que percibe como salario laboral y los servicios que disfruta. Sin embargo, triunfa lo choni, lo barriobajero. Nos asustamos por los malos resultados del informe PISA, pero ignoramos el desprecio popular por el sistema educativo y por la cultura. Todo parece estar pertrechado para que la situación no solo no cambie, sino para que cada vez seamos más bobos.

4 DE FEB. DE 2014
Feliz Cumple Facebook

En febrero de 2004, Mark Zuckerberg, Dustin Mskovitz, Chris Hughes y Eduardo Saverin lanzan 'The Facebook,' un espacio digital para contactar con estudiantes de Hardvard. Diez meses más tarde, en diciembre, la red social alcanzaba el millón de usuarios. Y diez años después se ha convertido en la red social más popular del mundo, con más de mil millones de usuarios.

En este tiempo la empresa ha crecido, ha tenido su propia película, ha salido exitosamente ha bolsa y sus accionista perdieron mucho dinero en muy poco tiempo. Lo que es innegable es que FB ha sido una de las razones de crecimiento de Internet y mucho usuarios la han convertido en una especie de sistema operativo, un espacio donde comunicarse, compartir documentos y recibir información. Y más aún con la estandarización de la conexiones móviles. Sin duda ha sido el primer paso para una sociedad digital global, interconexionando usuarios de una manera antes desconocida. A medida que FB crecía y ganaba usuarios, otras redes que intentaban coger su nicho de mercado veían como su número de usuarios disminuía en beneficio de la criatura de Zuckerberg. Con el paso del tiempo, puede que continúe mutando y creciendo o puede que desaparezca fagocitada por una nueva alternativa. Sin embargo, FB habrá marcado una época y un punto de partida en las relaciones cibernéticas.

5 DE FEB. DE 2014
Vigilancia Digital consentida

En uno de los post que utilizamos para resaltar los hechos más remarcables de 2014, analizábamos el impacto que habían tenido las declaraciones del ahora extrabajador de la NSA, Edward Snowden (Espionaje digital: la cloacas de la red,

20-12-14). Gobiernos, empresas y usuarios se llevaron las manos a la cabeza por sentirse observados. Contrasta esta indignación con la predisposición del usuario a utilizar aplicaciones que muestran su "intimidad" en abierto o ante un grupo más o menos extenso. Subir fotos o videos a diferentes comunidades como Facebook es una acción que una vez consumada escapa a nuestro control, pues un documento digital que sale de nuestro ordenador, pasa a ser de dominio público de manera inmediata. Visto de otra manera, exponemos nuestra intimidad a través de un pantalla ubicua y globalizada sobre la que no tenemos ningún tipo de control.

Además, con el auge de los smartphones, exponemos nuestras acciones a tiempo real si no somos consecuentes con las apps instaladas en nuestro dispositivo de comunicación. Facebook puede ir difundiendo nuestra posición geográfica si a nuestro móvil no le decimos lo contrario. Las aplicaciones de entrenamiento deportivo pueden mostrar, con más menos restricciones, nuestras pautas de comportamiento. Y con Whatsapp, la panacea de las comunicaciones personales, ofrecemos una clara postal sobre nuestra disponibilidad y nuestro horario de conexiones. De hecho, el doble check de esta app puede llegar a generar una obsesión casi enfermiza por el control de nuestros contactos.

9 DE FEB. DE 2014
La Europa lowcost

La semana anterior hablábamos de un proceso de belenestebanización social en los países mediterráneos. Sin embargo, los países ricos, los que están al norte de los Pirineos o los Alpes tampoco son la panacea cultural.

No podemos olvidar que los alemanes, la llamada locomotora de Europa, compran packs para volar el viernes por la noche a Mallorca, pasar dos noches y un día de fiesta entre música, alcohol y estupefacientes para una vez terminado el fin de semana coger de nuevo el avión y volver a sus hogares y retomar su vida civilizada.

También hay que recordar a los hoolingans británicos que vienen aprovechando los partidos de fútbol para desatar su atavismo y terminar destrozando mobiliario urbano y buscando peleas. Tampoco podemos olvidarnos de los turistas que vienen a la Costa del Sol y se dedican a saltar borrachos de un balcón en balcón.

El ciudadano europeo, al igual que el mediterráneo, alberga un gen atávico que le invita a destrozar y a sacar su faceta antisocial cuando las condiciones le son propicias. Por ello, si hablamos de una chonificación en España, podemos hablar igualmente de la Europa lowcost, de una Europa no tan civilizada, de una Europa del mal gusto. Por lo tanto, este cambio social. la involución cultural, está afectando a las diferentes latitudes y longitudes del hemisferio occidental, no solo a las sureñas.

12 DE FEB. DE 2014
Windows invaders

Este post no trata de una nueva versión del popular sistema operativo. Hace unos años la unión Europea inició una campaña legal contra Microsoft a causa de su Internet Explorer. No es por lo malo que fuera, sino porque se instalaba como un componte más por defecto al establecer Windows como sistema en un ordenador. De esta manera gran parte de los usuarios no se molestaba en desinstalarlo y buscar una alternativa. Las autoridades nacionales lo consideraron una situación de monopolio que perjudicaba a la competencia, concretamente al añorado NetScape. Finalmente, Microsoft cambió sus protocolos de instalación y era el usuario el que indicaba ahora si deseaba o no que

Explorer se instalará. Con el tiempo, a pesar de la ayudita gubernamental que recibió, NetScape desapareció.

En la actualidad, casi todos lo equipos que se adquieren por las vías comerciales convencionales vienen con el sistema operativo de Microsoft preinstalado. Por su puesto no de manera gratuita. Es decir, que al comprar nuestro nuevo portátil, casi por imposición estamos pagando una licencia de uso a Microsoft. Contradecir esta tendencia habitual no es tarea sencilla. Los fabricantes no suelen vender equipos sin sistema y conseguir que MicroSoft devuelva al usuario el coste de la licencia que no piensa utilizar no es sencillo ni rápido. Sin embargo ahora ninguna institución se hace eco de este problema, que vulnera el bolsillo del usuario y perjudica la implantación de los sistemas operativos libres. Con solo mostrar el precio desglosado, indicando el coste real del equipo y el coste del sistema operativo, muchos usuarios se decantarían sin duda un sistema no propietario. Sin embargo, parece ser que el lucro de una empresa está por encima de los derechos de los usuarios.

14 DE FEB. DE 2014
Así domesticamos el mundo: las revoluciones y los MMSS

14ª colaboración en la sección Así domesticamos el mundo del programa Cosas que pasan de canal Extremadura Radio. Hoy hablamos de las revoluciones y de medios sociales como catalizadores de cambio.

Las revoluciones son el motor del cambio social. La verdadera transformación social puede gestarse durante años, durante siglos, pero al final todo detona en un momento preciso. La Revolución Francesa puso el broche a una serie de movimientos orientados a abandonar el oscurantismo y romper con el Antiguo Régimen. Pero podemos indicar un día, un momento, una acción que son el punto de inicio de una nueva sociedad.

Con los medios sociales, caracterizados por una velocidad de transformación arrolladora, estos eventos previos son cada vez más fugaces. Internet, utilizado como medio, se convierte en una plataforma de cohesión ciudadana, en un vector de poder horizontal que permite poner en jaque al poder clásico, al vertical. La primavera árabe, el 15M, la generación a rasca, las movilizaciones griegas... todo un abanico de ejemplos de revoluciones sociales cuya mecha se prendió en Internet y que explotó en la calle. Todas ellas en un corto periodo de tiempo. Incluso podemos remontarnos a la prehistoria de Facebook y Twitter y remorar los tristes sucesos del 11 de marzo de 2004 en Madrid. La primera aún estaba en pañales y apenas era conocida por la comunidad universitaria norteamericana y la segunda aún no existía. Sin embargo las calles españolas se llenaron de ciudadanos convocados por una cadena viral de mensajes de texto. Quizá fuera el primer caso de respuesta social popular frente a un gobierno democrático: la primera convocada por medios telemáticos. Estamos en cambio de época caracterizado por ser una época de cambios. Y es la primera vez en la historia que en estos cambios todos tenemos algo que decir.

16 DE FEB. DE 2014
No sé, no me acuerdo...

- ¿Qué es peor, la ignorancia o la indiferencia?
- Ni lo sé ni me importa.

No sé, no me acuerdo... no es una respuesta convincente. La escuchemos donde la escuchemos, tiene poco futuro. En boca de un alumno será el precedente de una nota negativa. Si la pronuncia un hijo trasnochador ante el requerimiento de sus padres, quizá le acarree un castigo. Si es la excusa a un inspector de hacienda que le pregunta por qué no declaró ciertos ingresos, será la antesala de una larga batalla con el fisco.

En la escala correspondiente, habrá una penalización para cada uno de esos "olvidos". Sin embargo, el doble rasero con que la justicia trata a los ciudadanos se hace más que evidente cuando para la mayoría de los ciudadanos el desconocimiento de la ley no les exime de su cumplimiento mientras que a la ciudadana Cristina de Borbón se le permite declarar ante el juez con un no sé, no me acuerdo. Bajo la excusa de la ignorancia, el olvido, o el amor y la confianza en su marido y la aceptación de estas excusas como algo normal, se deja claro que no todos somos iguales ante la ley.

28 DE FEB. DE 2014
Burbujas tic, burbujas financieras

Twitter ha hecho públicos sus malos resultados económicos, lo que ha provocado que sus acciones se desplomen en bolsa poco más de un trimestre de su estreno en la bolsa de New York. No se atrevieron con el Nasdaq, ya que el fantasma de bursatilización de Facebook aún planea sobre Silicom Valley. El hecho de que las dos redes sociales más populares del momento no sean rentables para sus inversores, nos hace plantearnos si este tipo de empresas puede seguir manteniendo sus servicios como lo han venido ofreciendo hasta ahora, es decir, sin coste para el usuario.

Sin embargo, en una maniobra incompresible, Facebook adquiere Whatsapp por casi 14.000 millones de Euros, en un tiempo en que los analistas se preguntan cuánto tiempo más podrá la famosa red social seguir generando beneficios. Whatspp, con sede en California pero con la mayoría de sus usuarios en Europa tiene un límite: en la actualidad cuenta con 450 millones de usuarios y una dura competencia (Telegram) que ofrece servicios similares a coste cero. Aunque se duplicasen el número de usuarios, y siguieran fieles a este servicio de mensajería durante cinco años más (una eternidad en el mundo app), los ingresos no irían más allá de los 2.000 millones de ganancias. Sin embargo, Zuckemberg afirmó días después de la compra que ya había amortizado su inversión. Los números no engañan, o nos encontramos ante una burbuja de primer orden, o el negocio está en una dimensión ajena al resto de los usuarios.

7 DE MAR. DE 2014
Her: amores cibernéticos

¿Hasta qué punto vivimos en un mundo cibernético? Por un lado caminamos hacia la inteligencia artificial y por otro cada vez conseguimos que el cuerpo humano acepte más apoyo de los medios electrónicos. Pero ¿dónde está el límite entre lo físico y lo lógico, entre lo digital y lo analógico? ¿Puede llegar a tener sentido un vínculo más próximo entre hombre y máquina?

La película Her, dirigida por Spike Jonze, cuenta la historia de un escritor solitario, encarnado por Joaquin Phoenix, que se enamora de un sistema operativo super inteligente, a quien pone voz Scarlett Johansson.

En Los Ángeles, en un futuro cercano, Theodore Twombly, decepcionado por una larga relación fallida, termina enamorándose de Samantha, un avanzado sistema operativo de ordenador que promete ser una entidad intuitiva con cada usuario. A medida que interactúa, Samantha se vuelve más humana y la relación entre usuario-sistema operativo se hace cada vez más estrecha.

La película, estrenada en diciembre de 2013, ha conseguido ya premios al mejor guión en los Óscar, Globo de Oro y Critics' Choice Movie Awards.

12 DE MAR. DE 2014
Hacia una nueva dimensión de la cooperación horizontal

La potencia de las nuevas tecnologías nos permite llegar a los rincones más recónditos de nuestro mundo. Pero el exceso de información es difícil de gestionar, también para instituciones, grandes empresas y gobiernos. Por ello, es de destacar el poder de la cooperación horizontal de la red, es decir, la magnitud que pueden proporcionar millones de voluntades aunadas en busca de un solo objetivo. Independientemente de quién convoque.

En este caso, queremos destacar la colaboración anónima de los internautas ante el requerimiento de una empresa norteamericana para localizar el avión malasio desaparecido hace ya cinco días. La compañía DigitalGlobe ha invitado a los internautas a peinar imágenes de satélite de más de 3.200 kilómetros cuadrados de mar para intentar lograr hallar cualquier resto de la aeronave. Para ello la compañía ha colgado en su web Tomnod las imágenes ofrecidas por dos satélites que abarcan las zonas del Golfo de Tailandia y del Mar del Sur de China, donde en un principio el avión fue visto por última vez.

19 DE MAR. DE 2014
Paternidad y evolución del rol del padre

Colaboración en el programa la Mirada Violeta de Cadena Ser Extremadura, sobre paternidad y la evolución del rol del hombre en la educación de los hijos.

La paternidad en el modelo occidental ha cobrado una nueva dimensión en los últimos tiempos. La aparición de la sociedad del ocio y la toma de consciencia respecto a la conciliación familiar han hecho que el rol paterno se vaya transformando hacia un modelo más participativo.

Si tradicionalmente la madre se ocupaba del cuidado del hogar y de la prole y el padre se dedicaba a trabajar fuera del hogar a cambio de un salario, las nuevas sensibilidades y la incorporación paulatina de la mujer al mercado laboral ha hecho que los tradicionales roles masculinos y femeninos hayan convergido hacía una posición más cerca de la media en ambos casos.

Ahora madre y padre trabajan y ahora padre y madre cuidan de su descendencia. La paternidad es más sensible, más próxima de sus hijos. El cambio social, la evolución de las perspectivas y una legislación más consecuente han permitido el inicio del cambio. Sin embargo solo estamos dando los primeros pasos y aún queda mucho por caminar. Sin embargo, ya contamos con un punto de partida.

20 DE MAR. DE 2014
Así domesticamos el mundo: el arte y el símbolo

15ª colaboración en la sección Así domesticamos el mundo del programa Cosas que pasan de canal Extremadura Radio. Hoy hablamos del arte y de la capacidad simbólica.

La expresión simbólica y el arte son dos dimensiones que nos hacen humanos en tanto en cuanto somos los únicos seres de reino animal capaces de asimilar estos conceptos no tangibles. El elemento artístico nos acompaña desde hace miles de años en nuestro viaje hacia homo sapiens sapiens. Es complicado dar una fecha aproximada, pues la intención no fosiliza y no sabemos hasta qué punto una expresión buscaba la belleza o una función utilitaria desconocida. Por otra parte, igual que en la actualidad hay culturas que practican arte efímero, como la pintura sobre arena de los navajos, no sabemos si en los albores de la humanidad también existían este tipo de creaciones.

Contamos con venus, como la del Tan-Tan, con una antigüedad de casi 300.000 años. En épocas posteriores aparecen pinturas sobre rocas, inicialmente esquemáticas y posteriormente más realistas. Estas expresiones no son algo espontáneo, sino claramente intencionales. En Lascaux encontramos figuras animales de más cinco metros de longitud y algunas a más de tres metros sobre el suelo, lo que implica un proceso previo importante, como la instalación de andamios. Aunque sus creadores pudieran buscar otras funciones además de la estética, supone claramente el dominio de un de las capacidades simbólicas, y un paso claro hacia el ser humano moderno.

Para concluir, quizás destacar el valor del símbolo como elemento unificador y creador de identidades y por otra parte el desarrollo de sensibilidades ante conceptos abstractos.

24 DE MAR. DE 2014
Hacía un nuevo modelo de soporte digital

En estos tiempo en que casi todo está en la nube, y que el usuario dispone cada día de más espacio de almacenamiento ubicuo sorprende que se sigan desarrollando métodos de almacenamiento óptico. No es la primera vez que Sony y Panasonic ha colaborado en el desarrollo de este tipo de soportes. Es el caso del Blu-ray, formato óptico más importante a día de hoy.

Ahora estas dos empresas están trabajando en el Archival Disc, sucesor de Blu-ray con capacidad de 300 GB, y con posibilidades de llegar a un tera en el futuro. Para saber si el dispositivo tendrá éxito, habrá que esperar hasta 2015, fecha prevista de aparición. No sabemos qué será necesario para que los usuarios se bajen de la nube, pero a buen seguro que el precio será decisivo, ya que las prestaciones prometen.

30 DE MAR. DE 2014
Paranoia Internet

Que Internet ha cambiado el mundo es innegable. Que ha facilitado el acceso a la información es incontestable. Que ha cambiado la manera de relacionarse incuestionable. Que ha transformado nuestro entorno próximo y nuestra manera de interactuar con él es indiscutible. Pero lo que también es irrefutable es que existe una paranoia colectiva que, en innumerables casos, va más allá de la cordura y la razón.

Con un complejo de modernidad, particulares, empresas e instituciones se lanzan a capturar presencia en Internet, con un ansia por hacerse notar que a veces provoca el efecto contrario del buscado inicialmente. En un mundo global, vamos a recurrir a un ejemplo local, para concretar este planteamiento. En plena primavera de 2014, donde el mercado del libro de papel ha caído de manera alarmante y en un momento en el lector de libros electrónicos y las tablets son electrodomésticos de uso cotidiano, la Diputación de Badajoz y la Fundación 'Germán Sánchez Ruipérez' han firmado un acuerdo para poner en marcha una biblioteca digital.

Pero lo que es inconcebible es escuchar las declaraciones de Antonio Basanta, vicepresidente de la fundación, cuando señaló que la provincia pacense será pionera en una experiencia que no existe en España y que consiste en la creación de «la biblioteca en la nube». Bibliotecas digitales existen, desde hace años, en todo el mundo. Y ahora resulta que tenemos que esperar a la firma de este acuerdo para acceder a ellas.

Para concluir, nos reafirmamos en nuestra tesis de partida: existe una paranoia colectiva que nos lleva a sobrevalorar Internet y buscar presencia en la red de manera demencial.

10 DE ABR. DE 2014
Así domesticamos el mundo: el dinero

16ª colaboración en la sección Así domesticamos el mundo del programa Cosas que pasan de canal Extremadura Radio. Hoy hablamos del dinero.

En el último programa hablábamos de la capacidad simbólica del ser humano. En consecuencia, hablamos de arte. sin embargo, otro elemento simbólico por excelencia es el dinero. A pesar de su dimensión física y tangible (billetes, monedas, cheques, tarjetas bancarias...) el dinero como idea ha condicionado nuestra evolución y nuestro proceso de hominización.

En sus primeros momentos el ser humanos busca en el grupo la protección y seguridad que no tendría en solitario, Trabaja por y para el grupo, sabiendo que la supervivencia del grupo es su garantía de supervivencia. Da a la comunidad y recibe de ella. Posteriormente utiliza el trueque, intercambio de objetos o servicios por otros equivalentes. Como tercer elemento, aparece el dinero, y ahora una moneda, un billete o un pagaré representa un valor aceptado por la comunidad. Inicialmente el concepto parece justo ya que quien más tiempo dedique al grupo, más servicios y bienes podrá tener a cambio, pues tendrá más dinero para adquirirlos.

Sin embargo la idea original se corrompe a medida que se especializan las labores y a medida la comunidad de intercambio se hace cada vez más grande. El dinero, como valor de cambio, se hace perverso creando desigualdad y miseria por la excesiva usura de los que pueden hacer que el sistema sea efectivo. El dinero deja de ser un patrón válido para la creación de un mundo igualitario y se convierte en un factor de segregación. Sin embargo ¿Quién dijo que todos somos iguales?

13 DE ABR. DE 2014
El descalabro del estado del bienestar

Cada vez que aparece el informe PISA, el sistema educativo se convierte en objeto de linchamiento mediático. Nadie se fija en otras irregularidades y endemismos presentes en la escuela española, como los conciertos o la religión. A fin de cuentas estos endemismos son la consecuencia del histórico retraso de España respecto a Europa. Llegamos tarde a la industrialización, llegamos tarde a la ilustración, llegamos tarde a la democracia y, evidentemente, en 30 años no se pueden recuperar siglos de lastre. Todos los estratos sociales son culpables, pues hasta el más paupérrimo campesinado luchó contra la libertad, rescatando y reponiendo en el trono a un miserable Fernando VII que en un arrebato de ingratitud, aplastó el espíritu constitucional bajo los cascos de los cien mil hijos de San Luis e inició con años de retraso la construcción del ferrocarril con un ancho de vía diferente al europeo y que, a la postre, nos ha causado infinidad de problemas.

Esa histórica batalla contra la cultura nos condena y subyuga en los resultados del más que discutible informe PISA. Sin embargo, puestos a indignarnos ante informes, y puesto que incultura y pobreza son dos caras de una misma moneda, también podríamos indignarnos ante los datos expuestos por el libro Qué hacemos contra la pobreza, una obra colectiva que denuncia que el aumento en la pobreza, la exclusión y la desigualdad en España está alcanzando niveles que no se conocían desde hace décadas, incluso varias generaciones.

España, Europa, Occidente, veían la pobreza extrema como algo lejano, algo que nunca afectaría a su territorio. A fin de cuentas, Europa era el sueño dorado de millones de Africanos que se juegan la vida en el estrecho en busca de una vida mejor, igual que Estados Unidos era la referencia para millones de hispanos. Esta asimetría social y humana nos hacía sentirnos superiores, creernos mejores. Sin embargo, el mismo injusto discurso que establecía una brecha insalvable entre los países del sur y los del norte comienza a instaurarse peligrosamente en las sociedades occidentales. Los métodos usados por los que tienen la sartén por el mango son los mismos ahora que antes: crear una deuda en los más débiles que nunca podrán superar, y que los mantendrá eternamente anclados en una diabólica espiral. Una espiral que cada vez necesita más masa para alimentarse, lo que la ha llevado a entrar en occidente por su punto más débil: los países del sur del "paraíso".

El concepto de patria que ha llevado al poder a perpetuarse ya no vale: cada vez hay más pobres en el mundo y cada vez son más pobres, mientras que los ricos cada vez son ricos. Tanto la riqueza como la miseria se globalizan y a fin de cuentas, uno no es de donde nace, sino de donde pace. Es poco coherente que un desahuciado español siga culpando a "los que vienen de fuera", pues su desgracia ha sido iniciada por su propio sistema, por la sociedad que lo enculturizó y lo hizo ciudadano. El subsahariano que vende pañuelos en el semáforo no es culpable de que cada vez haya más gente en la calle, sin casa y sin trabajo. Pero sin embargo está más concienciado con el problema que nosotros, pues comenzó a padecerlo mucho antes, por culpa del apetito insaciable de nuestros compatriotas.

20 DE ABR. DE 2014
¿Hay alternativa a la WWW?

En este espacio hemos hablado en numerosas ocasiones de la censura que algunos países ejercen sobre Internet. Esta censura no solo es practicada por países con regímenes autoritarios, sino que algunas democracias limitan algunos contenidos concretos. Desde hace algunos meses Turquía, aspirante a entrar en la Unión Europea, ha venido manteniendo una turbia pugna con Twitter y YouTube, llegando a bloquear el acceso a sus ciudadanos a estos dos populares servicios por haber albergado contenidos que el gobierno turco no quería que fueran difundidos. Ahora, el ministro de Comunicación, Lütfi Elvan, planea salir del sistema WWW (World Wide Web), generando su propia alternativa, la TTT.

¿Qué pasaría si finalmente este proyecto se llevará a cabo? ¿Y que pasaría si otros países se unieran a esta tendencia? Nos encontraríamos sin duda ante un retroceso en la expansión de Internet que no se habría conocido en los 25 años de existencia de la WWW. Supondría la pérdida del valor de la primera W, World. Supondría la extrangulación de un sistema de comunicación global y supondría una pérdida de derechos para los ciudadanos afectados. Sin duda, la aparición de redes nacionales a costa de sacrificar una red global sería un retroceso para los ciudadanos que perderían el acceso, pero también para el resto de la comunidad digital.

27 DE ABR. DE 2014
Comunidades virtuales y redes de cooperación

Las redes sociales han revolucionado Internet, hasta tal punto que gran parte de los nuevos usuarios que han llegado a la red en los últimos años, lo han hecho casi en exclusiva por ellas. Sin embargo, no todo es Facebook oTwitter. Existen comunidades virtuales específicas que aportan a sus usuarios -comuneros- una serie de beneficios directos. Inicialmente los foros venían cubriendo esta función de cooperación horizontal. Los usuarios más avanzados en un aspecto determinado, compartían su sabiduría en la red con otros menos duchos en esa materia. Y esa persona relevante en un ámbito, también podría beneficiarse en otros. Y todo ello desde casa. Si, por ejemplo, una persona era amante de la lectura, ya no era necesario asistir físicamente a seminarios, pues a través de foros podría contactar con aficionados de todo el mundo, intercambiar impresiones o estar al día en cuanto a novedades y lanzamientos.

Esta faceta de la red ha venido evolucionando y en la actualidad encontramos espacios específicos que permiten ir más allá. Si tomamos como tema los viajes, encontramos foros al uso como www.losviajeros.com, donde los usuarios pueden preguntar o exponer sus experiencias. Sin embargo, espacios más modernos permiten coordinar a una serie de viajeros que vaya a ir a un mismo destino compartiendo gastos. Blablacar es un servicio que pone en contacto a personas que ofrecen un trayecto y a personas que demandan ese trayecto, con el consiguiente beneficio para todas. De igual manera, airbnb o housetrip son comunidades donde es posible conseguir pernoctas en casas de particulares o/y ofrecer la propia casa para alojar a terceros. Igualmente, se puede intercambiar una casa o, incluso, buscar un sofá donde pasar la noche en cualquier ciudad del mundo, lo que se ha dado en denominar couchsurfing.

Hace años, para acceder a servicios como los citados anteriormente, se podía recurrir a carteles locales, paneles de anuncios o revistas. Sin embargo, evidentemente, eran medios muchos menos eficaces. Hoy en día, con un ordenador o con un móvil podemos conseguir de manera rápida esta información a través de los portales específicos. Y los más destacable de esto, además de su eficacia, es que es un sistema de conexión horizontal entre iguales. La única jerarquía la marca el ser un usuario más activo en la comunidad. Porque no es una compañía hotelera o una cadena de taxis las que ofrecen sus servicio, sino que se trata de particulares. De ciudadano a ciudadano.

En este sentido, la tecnología se humaniza y permite globalizar las redes de cooperación que antes estaban delimitadas por el boca a boca o por una logística lenta y burocratizada.

30 DE ABR. DE 2014
Cibor

La RAE, que tantos vocablos polémicos ha aceptado en los últimos tiempos (almóndiga, asín, murciégalo), ha sido siempre reacia a incluir términos de carácter tecnológico. Si embargo, poco a poco, la decimonónica institución se lanza y nos sorprende. De cara a a su edición vigésima tercera edición incluirá cíborg, definiéndolo como ser formado por materia viva y dispositivos electrónicos. De todas maneras, cabe destacar que cibernético ya estaba incluido.

Al margen de la RAE, el cíborg puede ser entendido en una doble dimensión:
- un ser humano con dispositivos tecnológicos integrados en su cuerpo, a fin de mejorar algunas virtudes o sentidos.
- Un ser robótico que va adquiriendo sentimientos o cualidades humanas.

La primera variable está en proceso, gracias a los avances de la medicina y la tecnología. La segunda, de momento, es fruto de la ciencia ficción. Por ello, debemos defender la inclusión de cíbor en la RAE, por representar una realidad tecnológica y social en desarrollo en nuestro tiempo

4 DE MAY. DE 2014
La asunción de roles

la psicología social norteamericana de la posguerra alcanzó agrias polémicas al llevar a cabo experimentos reales de corte conductista. En 1971, un equipo de investigadores liderado por Philip Zimbardo de la Universidad Stanford, seleccionó un grupo de 24 usuarios elegidos al azar. A cada uno de los participantes se asignó un rol: vigilante de prisión o prisionero. Durante dos semanas deberían vivir en un espacio limitado y aislados del resto del mundo. La única premisa era que ninguno debería infringir daño físico a los otros. Sin embargo, tras un primer día sin pena ni gloria, el experimento comenzó a tomar vida propia y el segundo día ya se organizó un motín.

Cada bando desarrolló rápidamente una solidaridad endogámica de autoprotección respecto al otro. La identidad personal se diluyó rápidamente frente a la colectiva. Los vigilantes creyeron que se les había asignado su rol por su preparación y sus cualidades físicas y los prisioneros también estaban convencidos de este argumento, aunque en realidad la selección fue aleatoria. Partiendo de aquí y de manera casi automática se estableció una relación vertical de opresores y oprimidos.

Retomamos los resultados de este experimento 40 años después para poner sobre el tablero la facilidad para manipular una masa en la que individuo pierde su identidad individual y asimila de manera casi automática una identidad colectiva. De manera sutil, en pleno siglo XXI estas técnicas siguen siendo utilizadas por los elementos de poder vertical. Cualquier acto más o menos masivo con contenidos conducidos desde un único punto de vista, como un acto político, una eucaristía o un desfile militar, buscan esta dimensión de colectividad y disolubilidad de la identidad individual. En otras ocasiones, se usa el choque de dos identidades colectivas para el enfrentamiento entre individuos de una y otra perspectiva: es los que ocurre en un encuentro de fútbol y, salvando las distancias, en una guerra. Ocultos tras una excusa geo-política, diluidos por el empuje de la masa, la razón y el raciocinio individual se pierden. No importa la persona, sino el grupo. Al participar en estas dinámicas, se pierde otra perspectiva que no sea la establecida para los elementos supremos de cada bando, tal como ocurría con los vigilantes y los presos en el experimento de Stanford. El individuo asume el rol que se le presupone, aceptando los códigos impuestos jerárquicamente.

Con la crisis económica de los últimos años, el "ciudadano responsable" da por hecho los argumentos que sirven las grandes corporaciones industriales y los gobiernos en aras de la recuperación. Los elementos de poder generan, gracias a los medios de comunicación a su servicio, la identidad colectiva del nuevo lumpenproletariado digitalizado que acepta el rol que para él se ha diseñado sin plantearse si son reales las premisas de partida. Nada nuevo bajo el sol.

7 DE MAY. DE 2014
Ingeniería social. Cuando la prudencia es la solución

Estamos acostumbrados a oír hablar de los riegos de Internet. Esto puede dar lugar un estado de ansiedad permanente para los internautas más celosos de su privacidad. Sin embargo, no nos engañemos. Aunque sea posible que un malvado usuario remoto pueda flanquear las defensas de nuestro ordenador y robar el control y los datos celosamente guardados en nuestra máquina ¿para qué iba a malgastar su tiempo y su conocimiento en tan exiguo botín? Otra cosa es que el usuario medio exponga sus intimidades y abra las puertas de su espacio digital voluntaria aunque inconscientemente.

El ordenador de un usuario estándar no tiene interés para un hácker. Posiblemente sea una tarea bastante fácil para un experto en seguridad informática entrar en un ordenador amateur, pero ¿Qué sentido tiene perder el tiempo husmeando en máquinas remotas elegidas al azar? De entre los millones de usuarios a su alcance ¿cuál puede aportar algo que le sea útil? Y ante todo ¿Por qué esforzarse en buscar una puerta -un puerto- abierta cuando existen millones de usuarios dispuestos a que cualquier desaprensivo acceda libremente a su ordenador?

Los principales ataques y robos de datos no proceden de complicadas acciones, sino de la dejadez y de la ingenuidad. La Ingeniería social es la práctica que nos lleva a obtener información confidencial a través de la manipulación de usuarios para obtener información, acceso o privilegios en sistemas de información que les permitan realizar algún acto que perjudique o exponga la persona u organismo comprometido a riesgo o abusos. El punto de partida para los ingenieros sociales: "los usuarios son el eslabón débil". Emails-cebo masivos, troyanos, ficheros contaminados, clics en páginas con códigos maliciosos... herramientas sencillas que pueden tentar a múltiples usuarios y hacer que sean ellos los que desvelen sus secretos. A pocos que piquen en una estratagema de este tipo, el esfuerzo -mínimo- habrá valido la pena para el usurpador.

20 DE MAY. DE 2014
El mentiroso digital

Facebook aparece como un espacio de desahogo social. No podemos olvidar que surge en un entorno universitario y con un fin más bien lúdico. A partir de este momento germinal se expande a una velocidad inigualable debido principalmente a la posibilidad de contactar con gente y compartir sobretodo recursos intrascendentes. En poquísimo tiempo se convierte en la red social por antonomasia con una dimensión global antes desconocida.

Para otros fines había otras redes específicas. Sin embargo Facebook se ha convertido en muchos casos en un espejo digital del alma de su propietario. El usuario se cree rey en su muro y comparte todo tipo de documentos y opiniones. Las empresas e instituciones se valen de este capital social y lo utilizan en su beneficio. Esta intromisión en un espacio de privacidad compartida está haciendo que muchos usuarios mientan en la red para diferenciar claramente el perfil digital del perfil real. Esta mentira piadosa no busca ya el anonimato o el tener otro identidad para perjudicar a los demás, sino que se miente principalmente para preservar la identidad real.

25 DE MAY. DE 2014
Elecciones europeas 2014

¿
Principio del fin del bipartidismo?

Se nos presenta un fin de semana a la Europa: final de Champions league con dos equipos españoles y elecciones al parlamento europeo. Fácil es adivinar qué cita eclipsará a la otra. Sin embargo, nosotros nos quedamos con el plebiscito del domingo. Si hay algo que caracteriza a estas votaciones, evento de segundo orden en la agenda de los votantes, es la abstención. En la última cita de 2009, poco más de un tercio de los ciudadanos se animaron a depositar su papeleta en la urna. No es cuestión de euroescepticismo o de pasión europea, es cuestión de que los continuos casos de corrupción han minado la confianza en los partidos políticos y la política.

Además de la abstención, este año entra en juego una variable que se venía barajado en las sombra desde hace años: la impertinencia del bipartidismo. En las elecciones nacionales es incuestionable por imposición legislativa (ley D'Ont). Los dos partidos mayoritarios se aferran a esta disposición decimonónica para impedir que terceras agrupaciones entren en el reparto del pastel. Sin embargo, el parlamento europeo es una opción para grupos minoritarios y por fin este año los medios de comunicación han dado la oportunidad a estas agrupaciones que hasta ahora estaban condenadas a permanecer en la sombra. Y por primera vez también, los medios han comenzado a hablar de la posibilidad de encontrarnos ante el principio del fin del bipartidismo. No es que la prensa, normalmente polarizada y pilar de apoyo de alguno de los partidos mayoritarios, se haya congraciado con los recién llegados al escenario político, sino que los eventos acaecidos en los últimos tiempos han ido sensibilizando al electorado sobre la necesidad de buscar opciones de cambio.

Independientemente de los índices de participación y de los resultados, estas elecciones serán recordadas por ser las primeras en las que el bipartidismo se ha presentado de manera masiva como una opción a descartar, y en la que los medios han decidido apoyar un arco parlamentario más representativo y variado ¿Nos encontraremos ante el principio del fin del bipartidismo?

28 DE MAY. DE 2014
¿Quién ese tío de la coleta?

Ya el domingo anticipábamos un post sobre las elecciones europeas. De los resultados poco que decir que no se haya dicho ya. Sí que cabe destacar la unión de los partidos mayoritarios -irreconciliables en otras lides- para maldecir el triunfo de Podemos, agrupación que aparentemente recoge a los movimientos sociales extrarradio y otros desheredados. Por una parte, aunque no seguiremos ahondando en ello, esta alianza póstuma PP-PSOE pone de manifiesto el temor al cambio que tiene las estructuras de mando. Se resisten a repartir el pastel con otros, cosa sorprendente cuando hasta el Vaticano da sus pasitos hacia el futuro declarando el papa que hay posibilidades de que los curas católicos puedan casarse.

Sin embargo, nos quedamos con la importancia de una buena cobertura mediática para obtener buenos resultados a la hora de vender un producto. Queda demostrado que con una buena campaña, se vende igual una marca de leche, una lavadora o una voto. En tan solo tres meses Podemos ha superado a otras formaciones consolidadas en el panorama electoral estatal. A parte del mensaje y del estudio del mercado, la presencia televisiva sin duda es fundamental para este tipo de logros. Sin embargo, como reflexión final, podemos preguntarnos qué lleva a los capós de los grupos mediáticos -son cuatro, a fin de cuentas- a encumbrar a o destruir un mensaje.

1 DE JUN. DE 2014
Gran Hermano: la red te vigila

Cuando George Orwell imaginó una sociedad controlada por el Gran Hermano actuó de manera visionaria. Mucho se ha hablado de esta hipotética sociedad y de su posible llegada. Sin embargo podremos reconocer el advenimiento de un control total de nuestros movimientos en nuestra época digital. Todos somos conscientes de la cantidad de información personal que Google o Facebook almacenan de sus usuarios. Sin embargo, no todos somos conscientes de la existencia de compañías especializadas en vigilar los movimientos de los usuarios de Internet para generar patrones de comportamiento y localizar perfiles de potenciales compradores.

Empresas como Acxiom, Corelogic, Datalogix, eBureau, ID Analytics, Intelius, PeekYou, Rapleaf y Recorded Future son compañías que se dedican a recabar y vender información personal, generalmente sin consentimiento ni conocimiento de los usuarios. Son data brokers o agentes o corredores de datos. En un informe publicado por la Comisión Federal de Comercio de Estados Unidos de detallan posibles abusos por parte de esta industria creciente de compra y venta de información personal. "Puede que usted no los conozca, pero ellos lo conocen a usted", dijo la presidenta de la Comisión, Edith Ramírez."Saben donde usted vive, su salario, su origen étnico, la edad de sus hijos, su estado de salud, sus intereses y sus hobbies".

Si un usuario regala su privacidad a Google o a Facebook es cosa suya, pero si una empresa de la que nunca ha oído hablar secuestra su identidad digital, nos encontramos ante una faceta siniestra de la red, de la que tal vez no solo no podamos escapar, sino que a medida que avance nuestra experiencia digital, serán más poderosas y sibilinas.

5 DE JUN. DE 2014
El cambio generacional como motor de cambio

17ª colaboración en la sección Así domesticamos el mundo del programa Cosas que pasan de canal Extremadura Radio. Hoy hablamos del cambio generacional como motor de cambio.

El panorama político español ha sido espectador en las últimas semanas de una serie de cambios que se han producido de una manera más brusca de lo que viene siendo habitual. En poco más de cuatro meses un político joven ha irrumpido con fuerza en el escenario, encarnando la voz de los desheredados. Con una fuerte presencia mediática y el abanderamiento de obviedades hasta ahora dejadas de lado por los partidos tradicionales, ha conseguido posicionarse entre las principales fuerzas política del país. En las horas siguientes, un terremoto mediático de corte conservador trataba de destruirlo, como los anticuerpos de nuestro organismo tratan de eliminar presencias extrañas en el mismo. En consecuencia, el líder de la oposición dimite a los poco días y, no sabemos si en consecuencia o por casualidad, el jefe del Estado hace lo propio a la semana siguiente. Desde este presupuesto de partida comenzamos a hablar del cambio o relevo generacional.

Este relevo se produce de manera cotidiana en cualquier sistema social y /o biológico cuando los componentes consolidados dan paso a los jóvenes. Esto es normal puesto que los elementos que durante un tiempo han trabajado por el sistema deben dejar paso a aquellos emergentes que ahora buscan un posicionamiento en el mismo. Unos descansan y otros deben comenzar a trabajar. Esto es ley de vida en cualquier comunidad de seres vivos y no exclusividad del ser humano.

El relevo generacional va ser uno de los motores de evolución y de cambio de la sociedad. Normalmente este relevo se produce de manera no traumática y a través de una serie de pequeños cambios escalonados. El relevo generacional se deja notar cuando se han acumulado numerosos pequeños cambios, pues en el día a día es imperceptible. Sin embargo, en ciertos momentos de la historia de la humanidad los procesos se precipitan y todo va más de deprisa, y en lugar hablar de evolución continuista, podemos hablar de revoluciones, de un cambio brusco que rompe que lo anterior. Revoluciones y relevo generacional son motor de cambio y garantía de evolución.

8 DE JUN. DE 2014
Las economías colaborativas

Hace unas semanas hablábamos de la cooperación digital cuando analizábamos la búsqueda del avión malasio desaparecido sin dejar rastro. En aquel caso, una empresa proporcionaba una tecnología a la que no todos los usuarios tendrían en otras condiciones, para aunar esfuerzos en una tarea solidaria.

Sin embargo no es nada nuevo que las empresas e instituciones han venido haciendo uso de la sabiduría colectiva para beneficio propio, a través de la práctica denominada crowdsourcing, en la que de manera gratuita o mal pagada se recurría a la fuerza de la colectividad para obtener publicidad, generación de contenido, investigación y desarrollo. Es más fácil y barato lanzar un reto para que lo resuelvan millones de internautas a costa de un mísero premio que pagar a una empresa externa o destinar esfuerzos de la misma compañía. Supongamos que una empresa de software genera un programa comercial que va a ser vendido. Para probarlo y buscar errores previos, cede a un grupo de usuarios la versión beta para que rastreen errores de programación y auditen gratuitamente el producto. A cambio de ser los primeros en probar el software, los usuarios (testers) hacen gratis el trabajo. El crowdsourcing, que favorece de manera clara   a las empresas, es protegido y mimado, y ningún gobierno ha pensado ponerle trabas hasta ahora.

Por el contrario, el croudfunding no está tan bien visto. En este caso, un colectivo del ámbito que sea pide ayuda a la comunidad para cumplir un objetivo. A finales de la década de los 80, el grupo de rock Extremoduro vendía un vale a cambio de un futuro disco que grabarían. Cuando el producto fue una realidad, la banda entregó el resultado en forma de vinilo a sus promotores. Quizá sea uno de los primeros casos de croudfunding. Detrás han venido muchos más y, con el desarrollo de las redes sociales en Internet, se ha convertido en fenómeno bastante extendido. Hasta tal punto que el gobierno español está estudiando poner un gravamen a esta actividad, que no dejaba de ser una alternativa al crédito caro caro que dan los bancos a a la falta de él.

La protección del croudsourcing y las trabas al croudfunding son dos caras de la misma moneda, cuyo tema principal viene a ser el miedo al cambio de las reglas establecidas. Por una parte se permite a instituciones y empresas consolidadas obtener beneficios de la comunidad a cambio de nada y por otra se impide o grava esta práctica cuando es un actor emergente quien quiere beneficiarse de una práctica paralela. Si embargo, las economías cooperativas o colaborativas son una realidad, siempre han existido y ahora, con el apoyo de Internet, vuelven a cobrar importancia en un escenario global que nos permite mundializar nuestro proyecto.

11 DE JUN. DE 2014
Lobbies contra economías cooperativas

El término looby, vestíbulo en inglés,   adquiere una doble semántica en política: los grupos que, representando a un colectivo, se dedican a intentar influir en las decisiones de las administraciones públicas en beneficio propio. Y los gobiernos, que se dejan querer, no es raro que cedan ante estas presiones, pues como dijo Kennedy "los lobbistas me hacen entender un problema en 10 minutos, mientras que mis colaboradores tardan tres días". Excusa barata, cuando para evitar el populismo la clase política suele mantener que dar respuestas sencillas a cuestiones complejas es demagogia. Sin embargo, estos grupos suelen recibir tratos de favor a cambio de jugosos contratos a los políticos que los apoyen una vez que estos acaben su ejercicio público. A la vista está en nuestro país el poder de los loobies energéticos y sus fichajes de servidores públicos, valga el perverso eufemismo.

En este espacio hemos hablado en varias ocasiones de las economías cooperativas. Vienen a ser sistemas comerciales alternativos a los convencionales del mercado capitalista, donde entre particulares se ofrecen y consumen una serie de servicios. Hemos hablado de ellos como redes de cooperación, como puede ser el caso de Blablacar es un servicio que pone en contacto a personas que ofrecen un trayecto y a personas que demandan ese trayecto, con el consiguiente beneficio para todas. De igual manera, airbnb o housetrip son comunidades donde es posible conseguir pernoctas en casas de particulares o/y ofrecer la propia casa para alojar a terceros. Igualmente, se puede intercambiar una casa o, incluso, buscar un sofá donde pasar la noche en cualquier ciudad del mundo, lo que se ha dado en denominar couchsurfing.

Pero el peso de los lobbies no ha tardado en hacerse notar y aparecen denuncias como la asociación de transportistas por carretera, Fenebús, que pide el cierre de Blablacar, por "competencia desleal" al sector. Por su parte, las asociaciones de hosteleros hacen lo propio contra airbnb, por considerar que los particulares les roban clientes. No obstante, la economía cooperativa forma parte del cambio del paradigma propiciado por Internet. Podrán cerrar una página u otra, pero lo que es seguro es que por cada site cerrado aparecerá una docena de nuevas plataformas que ocuparan su lugar. Al igual que ocurrió con otras sectores en el pasado, el mundo del transporte y el hotelero tendrán que reinventarse y ofrecer nuevos servicios, más acordes con los tiempos en que vivimos.

18 DE JUN. DE 2014
Fire Phone, cuando Amazon se hizo smartphone

Con Internet indiscutiblemente consolidado en nuestras vidas y los medios sociales como insignias de la revolución digital, sólo falta especular cuál es camino a seguir en esta evolución tecnológica imparable de la sociedad digital. Y apostar por ubicuidad no es poca cosa.

Así Jeff Bezos, presidente de Amazon, ha presentado su nuevo juguetito: le Fire Phone. Por 649 dollares (477,6 euros)el usuario dispondrá de un terminal libre con una pantalla de 4,7 pulgadas, 2 Gb de RAM y un procesador quadricore a 2,2 Ghz, cámara de fotos de 13 megas y una versión de Android desarrollada por Amazon: Fire OS. Sin embargo, hasta el 25 de julio no estará disponible, y en principio su venta se limitará al mercado estadounidense, donde además del terminal libre, podrá ser conseguido a un tercio de su precio si se hace con una abonamiento con el operador AT&T.

Aún no hay fecha prevista para su desembarco en el resto del mundo. Tal vez Amazon quiera ir probando si está en posición de echar un pulso en buen estado de forma en un mercado dominado por Samsung y Apple.

26 DE JUN. DE 2014
Así domesticamos el mundo: las vacaciones

18ª colaboración en la sección Así domesticamos el mundo del programa Cosas que pasan de canal Extremadura Radio. Hoy hablamos de las vacaciones.

Cuando llega el verano se aproximan las vacaciones. Sin embargo ¿somos conscientes de la poca antigüedad de este derecho adquirido? Aunque la palabra procede del latín, en la antigua Roma, las vacaciones hacían referencia al periodo de exención de las prácticas religiosas (a diferencia del mundo anglosajón, donde Holidays vienen a ser los días sagrados). De la misma raíz proceden la palabra vacante, un puesto sin cubrir o vacuo, vacío de contenido.

Habrá que esperar hasta la Edad Media para que aparezcan los primeros colectivos que disfruten de vacaciones. Como recoge Alfonso X en Las Partidas, son los jueces los primeros en disfrutar de este derecho, en el mes de agosto, por ser la época de la cosecha. Al ser el momento de máximo trabajo de los campesinos y para evitar la disminución de las cosechas o retrasos en su recogida, se paralizaban los juicios en esta época. Tras los jueces, los próximos en beneficiarse serían los clérigos.

En los siglos XVII y XVIII, la aristocracia francesa toma por costumbre desplazarse a la costa o a la campaña en determinadas fechas, con lo que comienza a asociarse las vacaciones al turismo. Estos desplazamientos comienzan a hacerse más habituales con la expansión del ferrocarril en la Revolución Industrial. Sin embargo, el resto de los mortales no disfrutarían de este derecho hasta que en julio de 1936 León Blum, político socialista francés, consiguiera su reconocimiento por ley, así como la reducción de la jornada laboral a 40 horas semanales.

1 DE JUL. DE 2014
Vacaciones digitales

Con el verano llegan las vacaciones, hasta que alguna troika nos prive de ellas. De momento, suponen u nos días de desconexión de la rutina, sin embargo ¿podremos desconectarnos de nuestra dependencia digital? Los smartphones, las tarifas de conexión de datos y las redes wifi nos permitirán, si queremos, mantener al día nuestra vida digital. Pero más allá de mantener esta nueva y creada necesidad cotidiana, la tecnología digital nos puede ayudar en la gestión de nuestros viajes.

Servicios como tripadvisor, losviajeros o minube nos permiten acceder a la experiencia de otros usuarios. Son guías de viaje horizontales, a tiempo real y actualizadas en todo momento. Una vez elegido el plan, podemos localizar nuestros billetes más baratos con herramientas como Kayak (web o app) que nos permiten hacer búsquedas a tiempo real o crear alertas para que la aplicación nos avise cuando el billete alcance un precio que nos convenga. Para el alojamiento, contamos con web de ofertas o intercambios entre particulares, como airbnb o housetrip. Si viajamos solos, cortos de equipaje y no somos muy exigentes, podemos conseguir un sofá donde echar un sueñecito con couchsurfing.

Para los desplazamientos, tenemos los polémicos blablacar o uber que nos ayudarán a a encontrar un viajero que vaya a a realizar el mismo trayecto que nos interesa. Los mapas de Google o Apple nos ayudarán a planificar las rutas, desde un pequeño paseo urbano hasta un circuito por toda Europa. Foursquare nos dará reseñas u opiniones sobre diferentes ubicaciones en el planeta (tiendas, museos, parques, librerías...) Si nos interesa la astronomía, con Mapa Estelar tendremos a nuestra disposición información sobre estrellas y constelaciones en cualquier lugar de mundo y con la práctica del GeoCaching podremos jugar a orientarnos en aquellas ciudades que visitemos.

Y para ir poniendo a buen recaudo los vídeos y fotografías de nuestro viaje, para evitar perder recuerdos en caso de extravío o robo de nuestro dispositivo, los diferentes espacios de almacenamiento en la nube nos permitirán ir liberando espacio de nuestro móvil o tablet a la vez que los datos quedarán seguros para ser recuperados desde cualquier dispositivo cuando regresemos a nuestro punto de origen. Además, en previsión de pérdida del dispositivo, sería interesante disponer de una aplicación de gestión remota del terminal, como el device manager de android.

3 DE AGO. DE 2014
¿Tecnologías para homogeneizar o tecnologías para diferenciar?

Los luddistas eran un colectivo de obreros que, capitaneados por un mítico y legendario Ned Ludd, se oponían al desarrollo que traía la floreciente revolución industrial. El ludismo representaba las protestas de los obreros contra las industrias por los despidos y los bajos salarios ocasionados por la introducción de las máquinas. Estas revueltas eran desorganizadas y los obreros atentaban contra las máquinas destruyéndolas.

Con el paso del tiempo, se ha visto como la consolidación de la industrialización ha aportado mejoras en la calidad de vida de las sociedades occidentales, aunque no sirvió para disminuir las diferencias entre los estratos sociales, sino que incluso ha servido para acrecentarla, extremo este comprobable si comparan los salarios en los diferentes países con las fortunas de los ciudadanos más ricos del planeta.

Sin embargo, el factor económico no es el único ni el más preocupante. En 1984, Georges Orwell nos presenta una sociedad donde la humanidad funciona de manera mecánica controlada por un súper dispositivo capaz de saber qué hace cada ciudadano en cada momento. El mundo del cine también plantea este tipo de distopías en sociedades postapocalípticas. En In Time o Elysium corporaciones en manos de acaudalados ciudadanos dominan el planeta y al resto de la humanidad en una cruel y asimétrica relación al poseer una tecnología punta que se lo permite. En Matrix son las propias máquinas las que dominan a los humanos convertidos en meras baterías.

¿Estamos lejos de llegar a estas situaciones? Sin duda la tecnificación facilita las tareas en cualquier campo. Sin embargo, esto no quiere decir que quienes tengan los medios técnicos compartan sus beneficios con el resto de sus congéneres. La historia de la humanidad, con altibajos, se ha caracterizado más por la discrepancia y la disputa que por la colaboración. Los avances técnicos tienen un mecenas que es quien permite al científico desarrollar su investigación.

Pero los mecenas no exponen su capital de manera altruista. De hecho vemos como más de la mitad de la humanidad no tiene acceso a agua potable, alimentación o sanidad básica, incluso si estos servicios serían del todo viables con una conciencia planetaria global. Según Intermon Oxfam casi la mitad de la riqueza mundial está en manos de sólo el 1% de la población y la mitad más pobre de la población mundial posee la misma riqueza que las 85 personas más ricas del mundo.

Las tecnologías no siempre son motor de cambio y desarrollo, sino que cada vez más van a ir generando sociedades altamente tecnificadas pero extremadamente polarizadas. No existe conciencia de especie, pero no solo entre ese 1% inmensamente rico. Pocos son los consumidores que se preguntan a costa de la salud o la vida de quién pueden adquirir ciertos bienes, como tecnología, joyas o energía. Tal vez no lleguemos a los extremos distópicos que hemos citado anteriormente, pero sí nos dirigimos hacía una humanidad dividida en la que, cada vez más, muchos trabajaran para el bienestar de las élites.

12 DE AGO. DE 2014
Amores encadenados, amores enredados, #lovewithoutlocks

La tradición de los «candados del amor» surgió en Pécs (Hungría), probablemente en el siglo XIX. En aquella época, los soldados de guarnición en la ciudad dejaban atado como recuerdo el candado que cerraba el armario de su habitación. Sin embargo, desde hace ya unos años, se ha venido rescatando en todo el mundo la costumbre de colocar candados en puentes esta vez para conmemorar fechas románticas. En algunos casos, esto llega a ser un problema, pues cuando recuerdos y promesas se amontonan, el peso de los candados puede poner en peligro las infraestructuras urbanas, como ocurrió hace poco en el puente des Arts de Paris, donde esta primavera una de las barandas de protección sucumbió ante tan amor.

Ante esta problemática, el ayuntamiento la capital francesa, donde la moda llegó en 2008, ha puesto este lunes en marcha una iniciativa para sustituir por selfies los candados del amor que los turistas colocan en los puentes. Unas pegatinas colocadas en las zonas estratégicas invita a los enamorados a mostrar su amor de manera digital, haciéndose una foto para que posteriormente la suban a twitter con el hashtag #lovewithoutlocks, y que al mismo tiempo aparecerán en la web oficial del consistorio parisino (http://lovewithoutlocks.paris.fr). Esperan que con esta iniciativa, más ecológica y económica, los visitantes de la ciudad del amor puedan dejar su impronta tanto en la ciudad como en el ciberespacio, sin poner en peligro el patrimonio fluvial.

31 DE AGO. DE 2014
El poder de un buen hashtag

Está claro que la imagen digital es muy importante, pero cuando esa imagen se establece sobre un pilar tangible, sin duda que el fenómeno se enriquece debido a la doble dimisión del fenómeno. Sin embargo, es necesaria una sinergia entre ambas vertientes para que un personaje, escenario o evento se abran paso en la sociedad digital.

Eso ha sido lo que le ha ocurrido, sin haberlo pensado, a Carmen Aznar (@AznbenM), una modesta usuaria de Twitter que apenas unos días ha pasado de tener poco más de cien seguidores a más de diez mil ¿Cómo ha sido eso? Involuntaria protagonista de la vuelta de la Supercopa de España entre Atlético y Real Madrid en el Vicente Calderón, cuando el entrenador del Atlético fue expulsado y en su destierro se ubicó en la parte inferior de las gradas, la joven apareció en varios planos televisivos tras Simeone.

Algún avispado twittero inmortalizó la imagen de la joven, acompañándola del hashtag #ladedetrasdesimeone, que en poco tiempo se convirtió en Trending topic. Rápidamente otros tuiteros se hicieron eco del asunto: algunos se limitaron a redifundirlo, otros buscaron más allá, cargando armas sobre el machismo y otras plagas sociales.

Sea como fuera, Carmen ha recibido ofertas de radio y televisión, afirmando que todo es una locura, aunque a buen seguro, no se parapetará tras posturas feministas a la hora de firmar un contrato a provechando su momento de fama y gloria gracias a las redes sociales.

Sin duda, a esto es a lo que se le llama #EstarEnElMomentoJustoEnLugarApropiado

3 DE SEPT. DE 2014
Celebgate, famoseo al descubierto

Si hace dos días hablábamos de cómo la red te puede encumbrar al #EstarEnElMomentoJustoEnLugarApropiado, hoy vamos a ver cómo la red puede difundir de manera fulminante contenidos que pueden perjudicar los intereses particulares. Y es que, como hemos tratado en diversas ocasiones, la privacidad es un tema muy sensible en el ciberespacio. Por muy seguro que sea un servidor, siempre es sensible a ser violentado. Mucho más si se trata de espacios sin ningún tipo encriptado.

Recientemente un hacker ha accedido a las cuentas de iCloud de varias actrices y cantantes recuperando una serie de fotos comprometidas. Ante la dificultad para venderlas, decidió hacerlas públicas en espacios como 4chan y Reddit. El caso, conocido como celebgate, no es novedad, pues ya habíamos conocido sucesos idénticos anteriormente.

Quizá lo más novedoso de celebgate es el gran número de personas afectadas, que se aproxima al centenar. Ahora tocará buscar responsables: el hacker en primera instancia, y por otra parte Apple por no haber detectado antes el fallo en la seguridad de su aplicación. Sin embargo, el daño ya está hecho. Lo que nos lleva a replantearnos si somos conscientes del uso que hacemos de nuestros dispositivos electrónicos y de nuestro paso por las redes sociales.

Para concluir, lo que todos lo usuarios deberían tener claro es que los documentos importantes deben ser custodiados de manera responsable, y lo experimentos con gaseosa. Porque una vez difundido, un texto, un audio o una imagen pasan a ser dominio público y el propietario perderá el control sobre el mismo. Por ello, como hemos argumentado otras veces, no hagas en la red lo que no harías en la calle.

5 DE SEPT. DE 2014
Anonymousgate ¿es el anonimato una garantía?

En el anterior post comentábamos los esfuerzos de un hacker por hacerse con material privado de numerosas famosas. Ante la imposibilidad de lucrarse con el material obtenido, las imágenes fueron expuestas en la red, con lo que rápidamente se fueron difundiendo y multiplicando por la red. No obtuvo beneficio económico, pero si cierta celebridad. Los medios de comunicación de medio mundo se hicieron eco del caso y, aunque no pueda dar la cara, su hazaña ocupó un espacio importante en la prensa de la semana.

Como usuarios anónimos podemos pensar que nadie se va a tomar tantos esfuerzos en hackear nuestros dispositivos electrónicos. Sin embargo, estamos claramente equivocados, ya que en una sociedad digitalizada un gran porcentaje de ordenadores contienen un material jugoso para los amigos de lo ajeno: nuestras fotos no interesan, pero sí datos de acceso bancario, por no ir más lejos. Y no supone tanto esfuerzo, pues la mayor parte de esas contraseñas no se consiguen a través de complicadas herramientas o técnicas avanzadas de hacking: lo normal es que la victima ceda sus contraseñas ante intentos poco más que ingenuos, pero ante los que los usuarios siguen cayendo día tras día. Por simple que parezca, hay un porcentaje importante de internautas dispuestos a facilitar su número de tarjeta o su contraseña de acceso ante una petición de la misma por un correo electrónico en el que los ladrones se hacen pasar por empleados de banca ¿Qué trabajo supone mandar un correo fraudulento a 10.000 potenciales víctimas? Con que sólo una persona ceda sus claves, el esfuerzo ya habrá sido rentable.

Además de estas técnicas de ingeniería social, nos encontramos con un problema basado en la ubicuidad de los dispositivos. Nuestro SmartPhone puede ser una mina, no por el valor en sí mismo, sino por la información que contiene. Las aplicaciones instaladas normalmente guardan el usuario y contraseña de acceso y nada más iniciarlas entran en los espacios personales de los propietarios de los terminales. Así, ante un robo o pérdida de nuestro teléfono, estamos exponiendo no sólo nuestra intimidad, sino también acceso a las aplicaciones frecuentes, lo que puede ser peligroso. Si tenemos instalado la aplicación de banca electrónica de nuestra entidad bancaria y no cerramos siempre la sesión, estamos dejando abierta nuestra hucha a posibles enajenadores.

Evidentemente, no vamos a dejar de utilizar las ventajas que nos ofrece la sociedad digital, pero sí que se hace preciso extremar las precauciones. Y de nuevo, retomar la máxima de que si no lo haces en la calle, no lo hagas en la red.

9 DE SEPT. DE 2014
Sociedad del espectáculo e industrias culturales

La revolución digital ha aportado una serie de innegables ventajas con una densidad tal que, como hemos comentado en otras ocasiones, nos encontramos ante un cambio de paradigma, una nueva forma de relacionarnos e interpretar la sociedad de la que formamos parte. Sin embargo, por más entusiastas u optimistas que nos mostremos ante esta era de cambios, es del mismo modo innegable que la tecnología ha facilitado el crecimiento exponencial de los medios de comunicación y, por pura estadística, ha permitido la aparición de un modelo depauperado de información y ocio.

Si atendemos a sistemas de explicación más conservadores, llegamos a lamentar la decadencia cultural de una sociedad que cuenta con los medios tecnológicos para obtener el efecto diametralmente opuesto. Es decir, a pesar de que disponemos de un acceso a la información como nunca antes habíamos soñado, esta información no estará accesible si el gran público no siente que la necesita y accede a ella. Ergo, la sociedad de la información por sí sola no será el motor de cambio que transforme la humanidad dotándola de valores culturales.

¿Culpables? Octavio Paz arremete contra el mercado, pues considera que este   ha sido el gran responsable de la bancarrota de la cultura en la sociedad contemporánea. Otros pensadores como Mario Vargas Llosa ponen el contrapunto e introducen en la balanza no sólo al mercado como ofertorio de contenidos, sino al consumidor que elige un contenido en detrimento de otro. Así, afirma que el gusto del gran público determina el valor de un producto cultural, lo que hace que grandes escritores y pensadores queden en el ostracismo y otros mediocres se hagan con grandes cuotas de mercado. Razón no les falta, sólo hay que pasar una tarde de zapping.

17 DE SEPT. DE 2014
Carril Smartphone

El uso de los smarphone ha generado en los viandantes una nueva tendencia a la hora de desplazarse. Es fácil encontrar por nuestras calles conciudadanos que caminan con la cabeza inclinada hacia abajo ensimismados en sus teléfonos. Estos ciudadanos zombis pueden provocar y padecer encontronazos con otros viandantes y, caso más peligroso, atropellos por vehículos de motor a la hora de atravesar la calle.

Como dos filosofías opuesta, en algunas ciudades europeas se alerta del peligro de esta actitud y se aconseja levantar la cabeza y mirar antes de cruzar, mientras que China, como ocurre en Chongqing, se han creado carriles smartphone, para que los usuarios de estos dispositivos puedan caminar tranquilos, sin tener que levantar al vista de la pantalla. La noticia, por extraño que nos parezca, ya ha tenido unos antecedentes no conclusos, pues en Filadelfia fue propuesta, a modo de broma, está iniciativa.

21 DE SEPT. DE 2014
Iphone 6 ¿El mejor teléfono o el mejor marketing?

En numerosas ocasiones hemos comentado el fenómeno Apple en este espacio. Desde luego, el mérito de esta empresa es grande, pues ha sabido elaborar una gama de productos tecnológicos convergentes y venderlos a un precio superior al de la competencia.Y por si fuera poco, lo lleva haciendo desde sus inicios, en una guerra particular contra Intel y contra Microsoft.

Todo esto tiene aún más mérito si tenemos en cuenta que desde 2008 no se han conseguido mejoras tecnológicas notables más allá de mayores resoluciones (imperceptibles para el sentido humano de la vista), procesadores mas eficientes y mayor escalabilidad. Incluso así los fanáticos de Apple se han podido dejar unos 7500€ en la renovación de sus dispositivos. Tal vez lo más grande de esta empresa haya sido su aportación al capitalismo creando un modelo extraño de consumidor y usuario valla publicitaria.

El usuario de Apple luce orgulloso su gadget, como si este le confiriera una serie de cualidades más allá del propio servicio que presta. Así, un Iphone, un Ipad o Mac se convierten en objeto del deseo y satisfacen la autoestima de su poseedor, quien suele caer en las redes publicitarias de la manzana y se crea la necesidad imperiosa de ir renovando su dispositivo a medida que nuevas versiones van apareciendo en el mercado.

Es lo que ha pasado con la aparición, esta semana, del Iphone 6 que, por arte de mágia, ha hecho quedar obsoleto al que hasta ahora era el fantástico Iphone 5. Fans de la marca en EE.UU han hecho colas de horas en las puertas de las tiendas Apple para adquirir tan ansiado proyecto ¿necesidad o novelería? Sin duda, un caso más del cambio de paradigma que estamos viviendo

24 DE SEPT. DE 2014
No intente hacer esto en su casa

La red nos ofrece montañas de información a cambio de unos clics de ratón. Sin embargo, no hay autoridad competente para contrastar su veracidad. Así, esta libertad casi absoluta que es lo que hace grande Internet a veces se convierte en fuente de problemas, pues a pesar de sus innegables beneficios, no deja de ser un escenario diseñado por y para el ser humano, con todas sus grandezas y debilidades. De tal manera, no podemos obviar la existencia de un lado oscuro en el que caben todos los comportamientos indeseables y reprochables que encontramos en la humanidad.

En este post no nos vamos a ocupar de estafas ni de robos, sino de una broma de mal gusto que, debido a la credulidad e ingenuidad de un importante número de usuarios, ha destrozado más de un flamante Iphone 6. A las pocas horas de aparecer en el mercado el nuevo móvil de Apple, algún "bromista" colocó en 4chan una información donde se indicaba que en tan sólo 60 segundos dentro del microondas, la batería se cargaría por completo. Nada más lejos de la realidad, pues, como era previsible, el dispositivo terminaría irremediablemente dañado tras el minuto de inmersión electromagnético. Ver para creer.

28 DE SEPT. DE 2014
¿Generan bienestar las tecnologías de la Información?

A pesar de haber llegado hasta casi todos los rincones del planeta en un tiempo que es poco más que un suspiro en la linea cronológica de la humanidad, Internet y las tecnologías de la información cuentan con un importante pelotón de detractores. Sin embargo, sorprende que uno de los gurús más influyentes en el cambio de paradigma social que estamos viviendo se sincere y muestre su recelo hacía la cuestión de si la tecnología ha ayudado al ser humano. Steve

Wozniak, cofundador de Apple afirma que "la tecnología no ha ayudado a mitigar la pobreza, a combatir las cosas que están mal, a crear más trabajos. En realidad sólo ha logrado que el poder se quede en los más altos".

En la misma línea, Woz expone que a pesar del desarrollo tecnológico que hemos alcanzado, aún no se han extinguido grandes problemas de la humanidad como la pobreza o el hambre. Para él, lejos de favorecer una mejora global, sirve para enriquecer a las grandes corporaciones y, paradójicamente, deja fuera de juego a muchas personas que pierden sus trabajos reemplazados por máquinas. Sin duda, es una reflexión que no debemos dejar pasar por alto a pesar de llegar de una persona que por una parte ha influido enormemente en el desarrollo de la sociedad de la información en los últimos cuarenta años y, por otra, dirige una compañía con unos beneficios superiores al PIB de muchos países.

1 DE OCT. DE 2014
Los ricos también lloran. O no.

Como la corrupción es un hecho consustancial a la política española, parece que el que se destapen casos como el del molt honorable Pujol, no sorprende a nadie. Por ello, si buscáramos un hilo conductor que sirviera para definir este recién acabado septiembre, podría ser que los ricos también mueren. Un elevado porcentaje del PIB español (y sus fortunas adjuntas en paraísos fiscales) ha cambiado de manos este mes. Por una parte fallecían dos de los ricos oficiales: Emilio Botín e Isidoro Álvarez; por otra, Miguel Boyer, afamado economista y mediático ministro que abrió las puertas a este jolgorio para acaudalados. Pero tras el llanto, sus herederos disfrutarán sus jugosos peculios y seguirán con la labor de sus ancestros.

Pero no todo son penas en la casa del rico. Según el ranking del banco suizo Julius Baer, el gallego Amancio Ortega sigue siendo el hombre más acaudalado de Europa, con casi 50.000 millones de euros. El segundo es el sueco Ingvar Kamprad, fundador de Ikea (34.300 millones) y el tercero es el francés Bernard Arnault, propietario de LVMH (24.900). Del computo general de tan selecta lista, se extrae que la riqueza europea superó los niveles anteriores a la crisis en 2013 y marcó un nuevo máximo histórico en 56 billones de euros, un 1,7% más que en 2012. Con estos números, no es de extrañar que los gobiernos se ufanen y afirmen que estamos saliendo de la crisis, aunque sólo sea en valores medios, pues los ricos han salido más ricos mientras que las clases medias se han hundido año tras año. Hay otros números que se obvian, ya que el informe subraya también que el 10% más rico de los hogares europeos posee más de la mitad de la riqueza del continente, mientras que la mitad con menos riqueza posee menos del 10% de la riqueza total europea. Es decir, que si los diez primeros de la lista contribuyeran sólo con el 10% de su patrimonio, se cubrirían las necesidades básicas de los europeos más desfavorecidos.

Tampoco cuentan tan alegremente que para lograr estas fortunas, Inditex. Citada por pertenecer al líder de la lista, produce sus productos en Asia, Sudamérica y norte de África con trabajadores en régimen casi de esclavitud. Vale que como empresarios deban buscar el máximo beneficio para sus empresas, pero ¿es ético subyugar a tus empleados sólo por el hecho de que puedes hacerlo por ser rico? Los ricos también lloran, sí. Pero pasan más tiempo riendo. Riéndose de los que no han tenido su misma suerte.

4 DE OCT. DE 2014
¿la tecnología nos hace libres?

Nicholas Carr, en su libro superficiales, qué está haciendo Internet con nuestras mentes se planteaba si el uso continuado de Internet provocaría una serie de efectos neurológicos irreversibles, como la pérdida de la capacidad de concentración (Y de ahí el título de su trabajo). Carr se preguntaba hace años si estamos sacrificando nuestra capacidad para leer y pensar con profundidad y si Google nos vuelve estúpidos. Mario Vargas Llosa, tras la lectura del libro, afirmó en su columna del País que "no es cierto que Internet sea sólo una herramienta. Es un utensilio que pasa a ser una prolongación de nuestro propio cuerpo, de nuestro propio cerebro, el que, también, de una manera discreta, se va adaptando poco a poco a ese nuevo sistema de informarse y de pensar, renunciando poco a poco a las funciones que este sistema hace por él y, a veces, mejor que él". Así pues, cerca de nuestra postura optimista sobre las tecnologías de la información, estos autores asumen que la dualidad humanos-tecnología está creando unos binomios cíborg, si bien se desmarcan a la hora de encontrar ventajas y ponen sobre el tapete los potenciales perjuicios que algunos tecnoadictos puede llegar a desarrollar.

Este otoño, Nicholas Carr retoma su tesis y presenta Atrapados: cómo las máquinas se apoderan de nuestras vidas, Ahora, el ensayista norteamericano plantea como una dependencia absoluta de las máquinas nos hace ser sus esclavos, en lugar de usuarios que se sirven de ellas. Así, los sistemas de vuelos comerciales, totalmente informatizados, en condiciones normales hacen que los desplazamientos aéreos sean organizados y seguros. Sin embargo, afirma Carr que los pilotos están olvidando cómo se vuela a la vez que están perdiendo la capacidad de tomar decisiones en situaciones extremas o cuando las máquinas dejan de funcionar. El mismo efecto es el que genera el uso de GPS por los conductores o la extensa ferretería médica.

Sin duda, es un debate apasionante, que se opone a las visiones más optimistas respecto a Internet y que nos permite reflexionar si realmente las máquinas están al servicio de la humanidad o será el cerebro humano quien se subordine a los dispositivos digitales. Siguiendo en la misma línea, podríamos discernir, en el caso de que la premisa anterior fuera cierta, de quiénes serían los cerebros subordinados y quienes quedarían libres en esta purga. También nos podríamos plantear si estamos desarrollando otras habilidades, con lo que la visión Carr-Llosa se acercaría más a una distopía que a la evolución real de la humanidad. Así, el simple uso de una calculadora podría llegar a atrofiar nuestra capacidad de cálculo mental, pero nos liberaría de una tarea monótona permitiendo dedicar más esfuerzos a comprender el espacio global en el que se desarrollan esas operaciones aritméticas. Igualmente, el uso de semáforos ayuda a los automovilistas a circular por ciudades, sin perjuicio para que sepan desenvolverse en situaciones donde no haya señalización vial luminosa.

Y es que, a lo largo de la historia de la humanidad, los homínidos hemos ido evolucionando a la par que desarrollábamos una serie de técnicas y tecnologías que consolidaban nuestro proceso evolutivo. Hace 500.000 años comenzamos a dominar el fuego, encontrado de forma fortuita, aunque posiblemente no éramos capaces de encender una simple fogata partiendo de cero, lo que exigía una custodia perpetua. Poco a poco se aprendería a iniciar una hoguera chocando pedernales o frotando dos palos, mientras que más recientemente un mechero o una simple cerilla han facilitado enormemente la tarea. De igual manera, dejamos de confiar en nuestro vello corporal para calentarnos, y elegimos arroparnos, primero con pieles, y ahora con tejidos más complejos. También comenzamos a utilizar trampas y armas para cazar, en vez de confiar exclusivamente en nuestra velocidad y nuestra fuerza. Han cambiado los medios, pero no el fin. La tecnología nos condiciona, pero no deja ser un constructo social y nos hará más libre en la medida que nos mejora la vida.

No obstante, y tomando como punto de arranque este posicionamiento escéptico digital, en los próximos post nos vamos a centrar en el vilipendiado y maltratado sistema educativo, viendo si el pilar tecnológico que venden los responsables políticos será el motor de cambio que la escuela necesita.

6 DE OCT. DE 2014
¿Proceso tecnológico es progreso social?

La sociología ha tratado tradicionalmente la cuestión del desarrollo frente al desarrollismo. Por ello, y siguiendo con la senda dialéctica abierta acerca de las bonanzas y perjuicios generados por la tecnología y al hilo de lo expuesto en el anterior post ¿la tecnología nos hace libres?, hoy plantearemos un debate a cuatro. Es por ello que la estructura del post diferirá de la habitual.

Las nuevas tecnologías, en sí mismas, podrían y deberían haber cambiado el rumbo de la historia hace mucho. No lo harán. Al hombre solo le interesa, siempre, el prisma económico. Ser un enfervorecido comprador y usuario de aquello que las multinacionales idean no es hacer un uso de las nuevas tecnologías al servicio del hombre, es cerrar el círculo de consumo. Un chip de algunos céntimos puede hacer, sin despeinarse, cosas que hace pocos cientos de años costaron la vida de millones de personas. Por otro lado mente y materia serán una misma cosa y ahí comenzará la dominación si el hombre no ha conseguido pasar de ser usuario tecnológico a productor de servicios independientes y libres al servicio de la prosperidad.

Un exceso de confianza en los medios tecnológicos, sin las debidas precauciones, puede ser una catástrofe. No es raro encontrar usuarios, profesionales o particulares, cuyos trabajos se han volatilizado en algún desplazamiento de bytes poco afortunado. Las mismas herramientas que han ayudado al creador, lo han fulminado,   motivo de un   exceso de confianza, pérdida de alerta o por   delegación de responsabilidad en un trozo de metal magnetizada o memoria volátil.

En plano personal y sentimental, también nos dejamos guiar por la celestina particular en la que se puede convertir nuestro ordenador. La intimidad e impersonalidad de la pantalla puede ser una ayuda para mostrar nuestro yo más íntimo e impersonal, aunque esto pueda parecer una antítesis. Confiamos más en facebook que en nuestras habilidades seductoras para ligar, y además nos da pereza buscar la compañer@ "perfecta" y dejamos que meetic lo haga por nosotros.

Por otra parte, la tecnología tiene innumerables ventajas: se produce un aumento de la producción y los resultados se obtienen con una mayor precisión. Todo ello, permite logros increíbles en campos como la medicina. En cambio, puede llevar consigo una pérdida de mano de obra, es decir, un aumento del paro. Además, aún hay quien es reticente a tratar con máquinas y prefieren aquellas empresas que utilizan el casi perdido " tú a tú". La tecnología ha facilitado nuestras vidas, pero nos ha vuelto más cómodos. Ahora se investiga menos y, frente a los rápidos cambios tecnológicos, nuestra inteligencia se va quedando más reducida. La mayoría de las veces no hemos asimilado un avance y ya se ha producido el siguiente. Se lanza al mercado un nuevo producto cuando aún no dominamos, y a veces ni conocemos, el anterior.

Sin embargo, en oposición a lo anterior, hay quien cuestiona que la tecnología per se sea generadora de paro, sino que más bien incita a la búsqueda de nuevas formulas. Nunca antes existió ninguna época en la que aparecieran tantas nuevas profesiones como ahora, a la luz de las nuevas tecnologías. Los obreros de la planta de producción se desplazan a diferentes perfiles: ingeniero, programador, reparador, panelista, arquitecto de software, analista, pica código, administrador de sistemas, experto en seguridad, cadena de montaje, administrativos del producto, comerciales.... Lo que podemos resumir en antes: 100 obreros = 1 profesión; Ahora 100 obreros= 25 perfiles.

Por lo tanto, y a modo de resumen, la bondad de la tecnología es innegable: nos mejora, sin más. Nos ayuda, si somos capaces de asimilar su auxilio pero nos posee si no contamos con los recursos para asimilar la ayuda ofertada. Que haya quien se acomode y retroceda intelectualmente es una posibilidad que se ha dado en cualquier época. Al menos la tecnología dará respuesta a las mentes inquietas, y creemos no equivocarnos al decir que atraerá a algunas de las mentes perezosas al ámbito cultural, por el atractivo que tienen los medios actuales, destacando principalmente el teléfono inteligente, ya anexo a casi todo individuo en nuestro entorno.

12 DE OCT. DE 2014
¿Revolución digital, Involución educativa?
Ebooks en el aula

Los sistemas educativos mediterráneos suelen quedar relegados a puestos poco honrosos en los informes Pisa, promovidos por la OCDE. A pesar de ser críticos con este tipo de valoraciones tendenciosas e interesadas, es cierto que nuestros alumnos fracasan estrepitosamente en los pilares sobre los que se debería fundamentar la formación del siglo XXI: tecnología e idiomas ¿Fracaso del sistema? ¿de su trabajadores? ¿de la sociedad? En dos entradas vamos a presentar dos casos concreto que afectan al primer pilar, el tecnológico. Hoy vamos a hablar de la introducción del libro electrónico en las aulas y en la próxima nos ocuparemos del auge y caída del software libre en clase.

El libro digital se está vendiendo mediáticamente como la revolución salvadora que sacará al sistema educativo del ostracismo decimonónico en el que se halla inmerso. Sin embargo, pese todos los pros que queramos presentar, hay una serie de contras muy importantes y que pueden hacer que todas las ventajas queden asfixiadas antes de poner en marcha los programas de escuela digital.

El e-book aporta un ahorro considerable en papel y en logística editorial. Además, da más libertad al docente para buscar recursos y ponerlos a disposición de su alumnado en un formato ágil. Ya sea a través de notebooks o de ebook-readers, el alumno dispondría de toda la información y material localizados en un único dispositivo, evitando arrastrar kilos de libro cada día. El concepto es, por lo tanto, rentable a corto plazo: más información, más actualizada, más completa, más multimedia, más compromiso con el medio ambiente y, paradójicamente, menos coste. Hay datos que no cambian, pero la noticia, la innovación y la novedad podrían entrar en el aula y, al mismo tiempo, el aula podría salir, virtualmente, a la calle, resolviendo así uno de los principales problemas del sistema educativo: su obsesión por ver el mundo desde detrás de los muros, generado una caverna platoniana. Por lo tanto, a priori, un cúmulo de ventajas ¿cuáles son los problemas?

Se critica que, adoptando este sistema, habría más consumo eléctrico, que podría llegar a perjudicar la visión de los estudiantes y que dificultaría el aprendizaje de la escritura y de otras habilidades motrices. Pero quizá el problema más grave está en los lobbies editoriales que ya comienzan a frotarse las manos, y atan cabos para que el futuro de la educación siga en sus manos. A través de la creación de plataformas digitales cerradas, se amordaza la creatividad y la posibilidad de ir más allá. Es decir, que lejos de potenciar una educación abierta y global, como presentábamos en el párrafo anterior, se camina ya, antes de una experiencia previa que sirva para sacar conclusiones, fortalezas o debilidades, hacia un nuevo sistema cerrado. Por lo tanto, nos encontramos ante un mero cambio de soporte, depreciando las potencialidades de estas nuevas tecnologías. Porque, lejos de atender a razones técnicas o pedagógicas, estamos a punto de sucumbir a razones comerciales. Las editoriales convencionales ofrecen ya metodologías completas con un coste superior a las anteriores sobre papel, por más incompresible que parezca. El precio de las licencias de uso anual de un ebook se aproxima al de un libro en papel, a pesar de desaparecer los costes de impresión y distribución.

Por otra parte, y con una perspectiva externa al propio sistema educativo, es difícil comprender la razón por la que las familias deberán seguir pagando libros de textos -aunque ahora sean en formato digital- si los alumnos van provistos de dispositivos con acceso a toda la información habida y por haber, incluidos portales libres que se ajustan a los currículum de los diferentes niveles. Además, también es difícil de justificar por qué el maestro debe orientar en el uso de sistemas propietarios. Tampoco tiene respuesta sencilla el por qué seleccionar un dispositivo u otro o un formato u otro. ¿Imponemos uno en perjuicio de otro? ¿Android o Mac? ¿Podrá atender el sistema a aquellos alumnos que acudan con un dispositivo diferente o se acordara en junta marca y modelo? ¿Se puede explicar por qué los impuestos y las legislaciones correspondientes servirán para enriquecer a algunas empresas en lugar de revertir en la economía social?

Como conclusión, podemos reflexionar si la entrada del ebook será realmente un revulsivo o se quedará en una oportunidad perdida donde el beneficio será meramente económico para algunos sectores.

16 DE OCT. DE 2014
¿Revolución digital, Involución educativa?
Software libre en educación

Hace unos años el software libre hizo una entrada triunfal en las escuelas. Una región rural y extrarradio, objetivo 1 de la

Unión Europa, apostó fuerte para sacar el software propietario de las aulas, cambiando licencias de Microsoft por distribuciones basadas en software libre. Todo aquello tuvo su repercusión mediática y su rédito político. En unos momentos en los que aún no era habitual el uso de ordenadores -en España- , el que una administración autonómica periférica apostará por personalizar una distribución basada en Debian era una osadía. Una osadía que llevo al consejero de turno a aparecer en las páginas del New york Times.

Sin embargo, lo que pudo haber sido una opción de desarrollo interesante, se convirtió en una mastodóntica administración paralela, donde un ejército de informáticos, asesores, confidentes o primos se acomodaron. Preocupante panorama en una región que, con poco más de un millón de habitantes, casi tuviera contratado tanto personal como la propia Microsoft, de cuyas garras pretendía escapar. Con bautismo tal, no había buenos visos a largo plazo. Lejos de aprovechar las ventajas de un sistema ya desarrollado, varias regiones españolas se lanzaron al barro y desarrollar sus propios sistemas, generando a su vez sendas administraciones paralelas. ¿Realmente sale más barato todo el presupuesto que se llevó linex que lo que costaban las licencias de Windows o fue más bien un quítate tú que llego yo? Peliaguda cuestión, teniendo en cuenta que había distribuciones directamente aplicables en el aula y que hubieran supuesto un ahorro verdadero. ¿Justificó el diseño de iconos y el cambio de nombre de algunas aplicaciones el aparataje que se formó a su alrededor?

Por proceder de Debian, la forja y difusión de estas distribuciones regionales debieron ser gratuitas en los portales dedicados a ello tal como lo es Debían, con un presupuesto mínimo y realizada por personal propio o la comunidad. De lo contrario, como ha pasado con Linex, un cambio de gobierno puede dejar el proyecto en la cuneta. Sin empresas concesionarias por medio, encontramos el proyecto Canaima

(Venezuela). Se define como un "proyecto socio-tecnológico abierto, construido de forma colaborativa, centrado en el desarrollo de herramientas y modelos productivos basados en las Tecnologías de Información (TI) Libres de software y sistemas operativos cuyo objetivo es generar capacidades nacionales, desarrollo endógeno, apropiación y promoción del libre conocimiento, sin perder su motivo original: la construcción de una nación venezolana tecnológicamente preparada." Canaima está vivo, linex muerto

El concepto software libre y de fuentes abiertas es yo hago, tú usas, con tu uso y cambios se mejora mi versión y tu versión la usa un tercero. El ejercito de programadores y administradores alrededor de Linex y subsiguientes forma un complejo entramado de modelos de negocio ofertas de soporte y múltiples servicios generaron una economía de servicio que se aleja de lo que pretendía revolucionar a priori. Modelo libre y modelo propietario son ecosistemas complementarios y que se "realimentan" entre ellos. Pero ¿debe la administración sufragar con impuestos el crecimiento de productos propietarios?

19 DE OCT. DE 2014
Sociedad del Espectáculo: Cuando el show mediático reemplaza al debate político

La televisión generalista se ha convertido en un saco donde cabe todo y donde todo es válido a cambio de aumentar el número de espectadores y aumentar la cuota de pantalla. La tiranía del audímetro hace que no se respeten horarios infantiles y que todo se relativice. Cadenas con telecinco como máximo exponente se nutren de tertulianos incultos y zafios para rellenar e improvisar horas de parrilla. El guión es simple: insulta, escupe, difama, grita y, si es necesario, recurre a temas escabrosos, aunque sea mentira. Pero todo esto se ha aceptado y se da por normal. Niños, jóvenes, adultos y ancianos asisten impávidos a tal espectáculo.

Sin embargo, las cadenas son libres de emitir bazofia si el espectador pide bazofia. No es culpa de ellas que un consejo regulador no les exija que, al menos en horarios infantiles, se eviten este tipo de contenidos y sancione por incumplir los acuerdos. Tampoco son culpables de que los ojos infantiles contemplen estos bochornosos espectáculos ante la pasividad de sus progenitores. Las cadenas buscan la máxima rentabilidad y la consiguen con un producto barato que llega a las pantallas de muchos hogares poco exigentes en cuanto a su oferta de cultura y ocio.

Sin embargo, choca ver como discursos que se deberían limitar a escenarios más serios irrumpen en estos circos. Los representantes políticos españoles, atraídos por esta popularidad chabacana, no dudan en buscar horas de televisión. Si hay que debatir y sacar lo trapos sucios en programas de debate, se hace, y si hay que pasearse por programas como Sálvame, también se hace. Todo vale por un voto.

26 DE OCT. DE 2014
La rae se digitaliza

La Rae no es una institución conocida precisamente por su espíritu reformador y progresista. Sin embargo, en estos días ha editado la 23º edición de su diccionario. Y en plena era digital, lo hace con un tomo de casi 2400 páginas, si bien mantiene el buscador de palabras en su página web y existen apps que nos facilitan la consulta del diccionario normativo si tener que desembolsar los 99 €uros de precio de mercado. Eso sí, con acceso momentáneo a la 22ª edición y sólo a algunos avances de la 23ª. Como ya adelantábamos esta primavera (cíborg, 30 de abril de 2014), se incluyen palabras relacionas con las innovaciones tecnológicas y la sociedad red.

Además de la citada ciborg, destacamos la inclusión, como no, de internet como red informática mundial, descentralizada, formada por la conexión directa entre computadoras mediante un protocolo especial de comunicación. Ya se acepta dron (dispositivo aéreo) o tuit, tuitear y tuitero (relacionadas con el mundo del mensaje corto). En una sociedad deseosa de eliminar los engorrosos cables, se acoge con alegría que wifi forme parte del uso lingüístico reglado.

También se incorpora, biper, como aparato que recoge llamadas y mensajes, aunque si bien este dispositivo tuvo bastante popularidad en los 80, en la actualidad no se usa. No podían dejar fuera el término friki, hácker, intranet, red social, bloguero, chat, hipervínculo, usb, sms o pantallazo.

Asimismo se han añadido acepciones tecnológicas a términos ya existentes y liberar puede referirse a desbloquear un dispositivo móvil, definición ahora alude a la calidad de imagen de ciertos dispositivos, migración es el proceso de cambio de un sistema o dispositivos a otro, tableta es un dispositivo informático, buscador es un programa para localizar información en internet, y nube un espacio de almacenamiento en línea. Igualmente se prodigan los académicos con el mundo del cine y la comunicación audiovisual, acogiendo vocablos como cameo o precuela.

Por otra parte, términos como ebook no aparecerán a la esperara de se extienda el uso de libro electrónico y las famosas selfies serán denominadas autofotos. Palabras como link o clicar no han pasado el corte de los académicos y han quedado en la lista de espera de cara a próximas revisiones. Tampoco lo han hecho los nombres de dos pilares la sociedad de la información, como son Google y Facebook (a pesar de las referencia a Twitter)

Sin embargo, a pesar del tiempo que se han tomado para ello, las definiciones son, a veces, más que discutibles, por su pertinencia, su retraso o su comprensión ¿Podría alguien no introducido en el fenómeno digital, llegar a entender el significado de Tuit, si nos dicen que:
" Tuit. m. Acción y efecto de tuitear. Tuitear. intr. 1. Comunicarse por medio de tuits"

2 DE NOV. DE 2014
Campamentos FreeNet

Internet ha entrado en nuestras vidas de manera imparable, proporcionando nuevas formas de trabajo, de consumo, de comunicación y, cómo no, de ocio. Es indudable que es una herramienta de extremada utilidad que ha transformado nuestra manera de interectuar socialmente y nos ha facilitado el acceso a cantidades ingentes de recursos e información. Sin embargo, como herramienta, puede ser útil o convertirse en un arma de doble filo si el potencial que contiene no se utiliza de manera coherente. Este extremo podría llegar a crear fuertes dependencias. Evidentemente, mientras más desarrollado e industrializado sea el país, más posibilidades tienen sus ciudadanos de verse sorprendidos por un adicción a las nuevas tecnologías de información y comunicación. Simplemente por cuestión de oferta y densidad.

Unos de estos extremos de dependencia lo podemos encontrar en los hikikomori japoneses, personas que se aíslan de la vida social y como compesación desarrollan frecuentemente dependencia de los videojuegos o de otros entornos digitales. Con el fin de prevenir esta situación se ha realizado un estudio entre más de 100.000 adolescentes japoneses y el mismo demostró que casi el 10% de la muestra sufría una dependencia severa. A raíz de estos resultados, el ministerio de educación, cultura, deporte, ciencia y tecnología ha puesto en marcha un programa que consiste en pasar ocho días en un campamento libre de internet. Los participantes dormirán en cabañas y no tendrán acceso a ordenadores ni a teléfonos móviles. Estarán acompañados por animadores y psicólogos, realizarán marchas, trabajos tradicionales y reflexionarán y redactarán un plan personal de uso de internet de cara a su vuelta a la vida cotidiana.

El panorama entre los adultos tampoco es optimista, y se calcula que aproximadamente un 5% de japoneses sufre adicción a internet, un 1,5% más que en 2008. Por ello, en el país florecen clínicas y programas de desintoxicación. Desgraciadamente, el problema es fácilmente localizable en otros países desarrollados, si bien aún no han saltado las alarmas.

5 DE NOV. DE 2014
La caída de FB y el hoax en los medios de comunicación

Facebook, nos guste o no, es uno de los símbolos de la sociedad de la información y una de las tres redes sociales más populares en este momento. Y todo esto lo ha conseguido en menos de diez años, haciendo multimillonario a su creador. Evidentemente, esto crea enemigos (No puedes tener 500 millones de amigos sin crear ningún enemigo, era el eslogan de la película de David Fincher, con guión de Aaron Sorkin).

Es por ello que un hoax se ha extendido como la pólvora en los últimos días, anunciando el fin de la popular red el día 6 de noviembre. Un presunto comunicado de Anonymous avisaba a los usuarios de la popular red: rescaten sus fotografías, sus eventos, sus agendas... pues Facebook desaparecerá. Además de la difusión horizontal en los medios sociales, también la prensa tradicional se ha hecho cargo de la noticia y Cuatro, Qué.es y Europa Press, entre otros, han difundido la noticia en sus páginas. Pero parece ser que fue informativos telecinco el primer medio en dar la noticia, basándose en una información del portal sensacionalista ruso RT.

Sin embargo, no teman, Parece ser que sus perfiles no desaparecerán. Ni FB tampoco. Si nos fijamos en la fecha de la noticia en la RT, es de noviembre de 2012. A pesar que Telecinco la ha venido incluyendo esta semana como actualidad, el bulo tiene dos años de antigüedad.

A parte de la anécdota y de la inocentada de telecinco, cabe plantearnos si debemos confiar en los medios tradicionales como transmisores fiables de información, pues no es la primera vez que se han publicado noticias falsas en medios presuntamente serios.

8 DE NOV. DE 2014
selfies, la foto de moda

Para la RAE no existe el vocablo selfie, a pesar de estar de moda. La academia española aconseja el término autofoto. Sin embargo, para el 'Oxford English Dictionary' fue la palabra del 2013. Ante tan célebre tendencia ¿podemos llegar a saber cuál fue el primer selfie de la historia? Según el Periódico, la más antigua localizada fue tomada en diciembre de 1920 en la terraza del estudio fotográfico Marceau, en Nueva York. En ella aparecen cinco hombres, fotógrafos de la empresa Byron que, en ese momento, no imaginaban que estaban retratando un momento histórico: Joseph Byron sostenía la cámara con su mano derecha y Ben Falkcon su mano izquierda.

Sin embargo, este extremo no está tan claro. Parece ser que Oscar Gustac Rejlander, fotógrafo sueco conocido como el padre de la fotografía artística, ya se tomaba sus fotos allá por el 1850. Un libro que recopilaba setenta imágenes suyas ha sido subastado este año por 100.000 dolares en el local subastas Morphets, en North Yorkshire, Inglaterra. Pero según Wikipedia debemos remontarnos unos años más atrás, y el honor debería corresponder a Robert Cornelius, pionero en el campo de la fotografía. En el reverso de su imagen tomada aparentemente por él en 1939 se puede leer "La primera foto jamás tomada."

Sea como fuere, la autofoto o selfie levanta pasiones y copa las imágenes amateurs subidas a los medios sociales. Ya no se lleva pedir a algún pasante que nos haga la foto; brazo estirado, pose y móvil en alto. Cada uno puede inmortalizarse tantas veces como quiera y compartir su obra inmediatamente a través de su smartphone.

Sin embargo, la búsqueda del mejor encuadre puede ser peligrosa, y acarrearnos más de un susto. Tal es el caso de una joven estudiante polaca, que de visita en Sevilla y en busca de una pose impecable para su selfie, cayó desde lo alto de un puente y perdió su vida.

13 DE NOV. DE 2014
Migraciones digitales

Prensky acuñó hace diez años la idea del nativo digital para definir la relación con los entornos digitales de los jóvenes nacidos en una fecha posterior a 1979 . Él consideraba que por el mero hecho de nacer rodeado de tecnología, cualquier niño se vería enculturizado en este tipo de uso y lo asimilaría como algo natural. Frente a este nativo, Prensky hablaba de inmigrantes. Este tema lo tratamos en el post titulado el mito del nativo digital (23/10/11) y en alguna ocasión posterior. Sin embargo, hoy no hablaremos de Presnky y su concepción de nativo. Con motivo de las Jornadas Migraciones en África y Oriente Medio en el contexto de la Nueva Civilización, que se celebran hoy y mañana en la Universidad Mohamed I de Nador, queremos reflexionar acerca de la migración digital. Sin duda, estamos viviendo un traspaso de poderes desde el mundo convencional hacia un nuevo escenario, el digital. Las nuevas generaciones cuentan con la ventaja de poder enculturarse de manera temprana en esta sociedad del cambio.

Sin embargo, una frontera se establece entre los que se integran y los que, por diversas razones, quedan excluidos. Élites y parias de un nuevo mundo forjan nuevas estructuras sociales que condicionarán nuevas formas de interactuar y relacionarse. Un nuevo fenómeno migratorio global de innegable trascendencia se está gestando ante nuestros ojos,

25 DE NOV. DE 2014
Derechos humanos emergentes

Ayer y hoy se está celebrando el Congreso Universal sobre Derechos Humanos Emergentes y Medios de Comunicación en la Facultad de comunicación de Universidad de Sevilla. Hemos participado en este evento con dos comunicaciones: Brecha digital, la barrera entre la élite on-line y los parias off-line y Software Libre ¿una herramienta para transformar el mundo?.

A través de estas dos comunicaciones, podremos reflexionar sobre dos problemáticas éticas asociadas a la sociedad red. Por una parte cabe destacar la brecha que se está generando entre aquellos que tienen acceso a las nuevas tecnologías informáticas, lo que les permite emplazarse dentro de la sociedad de la información, y aquellos que se quedan fuera. Ello está dando lugar a dos nuevos estamentos: los parias off-line y las élites on-line.

Los primeros se verán privados de todas las ventajas que las tecnologías de la información les podrían proporcionar, mientras que los segundos, sin tener que ser dependientes tecnológicos, tendrán la opción de beneficiarse de la sociedad del conocimiento. Porque el mundo venidero no se fundamentará en saber hacer, sino en cómo, cuándo y dónde hacerlo. Como epígrafe a esta última idea, podemos recurrir al designed by Apple in California. Assembled in China del gigante de la manzana.

Por otra parte, está la dicotomía entre software libre/propietario, como dos realidades irreconciliables. Los sistemas propietarios libres proporcionan un a doble ventaja, contenida en la polisemia de la palabra inglesa free. Por un lado son gratuitos y por otro están abiertos a mejoras por parte de los propios usuarios. Desde luego, se abre una nueva experiencia a la hora de buscar o diseñar un software que será compartido con el resto de usuarios. Este tipo comunidades fomenta el desarrollo del poder horizontal, donde las jerarquías se diluyen o son temporales. Sin duda, un motor de desarrollo en los tiempos que corren.

http://congreso.us.es/derhumemermeco/

30 DE NOV. DE 2014
Privacidad vs seguridad ¿Dos caras de la misma moneda?

El desarrollo de las redes digitales de transmisión de la información posibilitó desde hace un tiempo el registro de casi todo lo que ocurre a nuestro alrededor, así como su distribución telemática inmediata. Esta fiebre por registrar, nos lleva a introducir en nuestros hogares dispositivos capaces de exportar la intimidad de nuestro hogar al ciberespacio. Cualquier tablet, smartphone o dispositivo con webcam puede ser fácilmente asaltado por un usuario remoto que podría utilizar la cámara a su antojo. Otras veces, el usuario pone en su casa cámaras que, conectadas a una central de una empresa de seguridad, deberían velar por la inviolabilidad de los hogares.

Sin embargo, olvidamos que una vez que los datos salen de nuestros hogares, perdemos el control sobre ellos. Las cámaras de seguridad así como las webcam de nuestras tablets o móviles abren un ventana que permite a todo aquel que quiera, y sepa, pueda husmear en la intimidad de nuestro hogar. Recientemente ha saltado a los medios la existencia de una web rusa que expone las imágenes de miles de estas cámaras privadas repartidas por todo el mundo. Ello nos debe hacer reflexionar sobre la potencia de la tecnología que utilizamos y sobre la necesidad de saber el alcance de su uso, que nos puede dar sorpresas que siempre serán agradables.

4 DE DIC. DE 2014
A vueltas con los derechos de autor

La policía ha cerrado hoy las web seriespepito y películaspepito por infringir derechos de autor. Al mismo tiempo, seriesly ha lanzado un comunicado afirmando que eliminará todos los enlaces que infrinjan la nueva normativa antes de que esta comience a funcionar. No obstante, los fundadores de esta web declaran que la ley está redactada desde el desconocimiento de lo que es Internet y su funcionamiento.

Sobre este tema hay dos eternas posiciones enfrentadas: por un lado la de los empresarios (que no autores), que se es escudan en que la piratería destruye las empresas culturales y la creación. Por otro lado está la voz de aquellos que se benefician del uso gratuito de estos contenidos audiovisuales, argumentando la necesidad de acceso universal a la cultura. Evidentemente, una de las dos posiciones saldrá perjudicada frente a la otra, por lo que ni llueve ni podrá llover a gusto de todos.

Sin embargo, sí que queremos lanzar una doble reflexión ¿se puede mercantilizar la cultura o debe ser un bien público? Si damos por bueno el segundo modelo ¿quién debería asumir le riesgo de apostar por un proyecto cultural? La segunda reflexión versaría sobre el cambio de paradigma social que estamos protagonizando. Es innegable que el uso de medios telemáticos ha mejorado muchos aspectos de comunicación, comercio y relaciones personales, como hemos visto en posts anteriores. Sin embargo, el uso de estas redes conlleva como efecto colateral el hecho de que el potencial de las mismas puedan ser utilizadas para actividades delictivas o al menos poco éticas. Sin embargo, el concepto de delito no es universal, muchos menos el de ética, lo que pondría en jaque las decisiones nacionales frente a un escenario global. La solución para contener este tipo de acciones sería bloquear o censurar el contenido el acceso a Internet en cada país, a criterio y discreción de cada gobierno. Sin embargo, esta posición crearía múltiples suspicacias, pues una vez autorizado un organismo para bloquear contenidos ¿dónde estaría el límite? ¿Estaríamos ante un órgano equitativo o estaríamos legitimando un elemento de control y censura? Si duda, un debate con posiciones irreconciliables y con escasas posibilidades de consenso.

7 DE DIC. DE 2014
Medios sociales y prensa: una relación de amor-odio

Desde la eclosión de los medios sociales y su imparable popularización, los medios de comunicación tradicionales han visto con malos ojos esta nueva compañía que amenazaba su supremacía. A medida que las redes sociales han ido puliendo su funcionamiento y ampliando su nicho de mercado, esta amenaza se ha convertido en un valor real. Ello ha provocado diversos enfrentamientos entre los medios convencionales y los nuevos escenarios digitales, entre un modelo de jerarquía vertical y otro de jerarquía horizontal. Y de la superposición de estos dos modelos surge una situación perversamente injusta. Puesto que los medios digitales, claramente horizontales, surgen para uso y disfrute masivo, estos pueden servir para alimentar a los medios tradicionales, pero a veces la prensa de toda la vida no ve bien que en los escenarios digitales se difundan sus contenidos, lo que rompe una justa situación de quid pro quo.

No es raro encontrar espacios televisivos que se nutren en un alto porcentaje de su tiempo de contenidos de YouTube. Si embargo, la cadena Telecinco denunció a la popular red audiovisual por albergar fragmentos de sus programas. Fragmentos que son subidos por, no lo olvidemos, usuarios de la red, no por lo creadores de esta. Otro argumento utilizado por los medios tradicionales es la falta de contraste de las noticias que se difunden como la pólvora por los medios. Sin embargo, estas noticias virales, son aceptadas por estos mismos medios sin contrastarlas con fuentes fidedignas. Bon Jovi ha sido "enterrado" por los tuiteros en varias ocasiones, y la prensa convencional puso en parrilla la noticia como si fuera cierta. De igual manera, Telecinco dio como novedad hace unas semanas el inminente ataque de podemos a Facebook, a pesar de ser un hoax de 2011 (La caída de FB y el hoax en los medios de comunicación, 5/11/2014) Es decir, que este enfrentamiento desigual, la validez de los difundido en los medios sociales no tiene porque ser falso en la misma medida que una noticia ofrecida por un medio tradicional no tiene porque ser siempre cierta.

Sin embargo, sí que podemos dar por hecho consolidado la perfecta relación que se ha establecido entre Twitter y los medios tradicionales. A diferencia de otras redes donde el usuario puede querer establecer un cierto nivel de privacidad, Twitter es difusión, y los tuiteros buscan ser leídos. Aprovechando esta necesidad de ser escuchados, las televisiones ofrecen #hashtags en sus emisiones para que sus espectadores puedan comentar lo que consideren oportunos. Unas vez propuesto un #hashtag, la cadena pierde el control sobre el mismo. Podrá o no utilizar determinados tuits o comentarios, pero una vez lanzados estarán a disposición del resto de la comunidad, independientemente de que emisor y receptor (escritor y lector) estén directamente conectados. Es este eje de interacción transversal, junto a la brevedad e inmediatez de los tuits, lo que da impulso a Twitter. Pero lo que es evidente es que esta relación es pura simbiosis y afecta a ambos extremos. Una relación, por primera vez, de cordialidad entre medio digital y medios convencionales.

11 DE DIC. DE 2014
Ciberantropología: repensando el modelo social

Dentro del máster en antropología social que ofrece la Universidad de Extremadura, hoy hablaremos sobre las técnicas de investigación en red. Para ello podríamos comenzar analizando si es más fructífero el análisis parcelado o si una visión holística nos podría arrojar resultados más válidos. Desde este espacio defendemos la importancia de un análisis multidisciplinar porque, a fin de cuentas, el ser humano es el objeto de estudio más difícil que se podrá encontrar el ser humano.

Por mucho que los departamentos universitarios se empeñen, Sociología y Antropología son dos caras de una misma moneda. Ante un objetivo común, cada una presenta unas peculiaridades y fija el zoom en una una posición. Pero ambas surgen con el principal objetivo de conocer cómo se comporta la sociedad para lo que se hace indispensable comprender cómo funciona el ser humano. Fijar el zoom en este nivel macro en un nivel micro es lo que hace que hablemos de una o de otra, pero como comentamos anteriormente, ambas miran en la misma dirección y pretenden explicar la misma realidad. Además, el génesis de ambas es muy similar y aunque realmente sí que podemos citar una serie de autores primigenios que sentarían las bases de una y otra, todos ellos estaaces de comprender el medio en el que se mueve.

No es cuestión de romper y hacer tabla rasa con el pasado, pues muchas de las técnicas iniciales son pertinentes para seguir explicando larían de acuerdo en el objeto de estudio: el ser humano y sus circunstancias. A fin de cuentas, como diría Ortega Y Gasset, este sería un binomio indisoluble: «Yo soy yo y mi circunstancia, y si no la salvo a ella no me salvo yo» (Meditaciones del Quijote, 1914).

Pero esta necesidad de comprenderse y comprender al otro está presente en nuestra cultura desde mucho antes de que pudiéramos hablar de sociología o antropología. Así podemos encontrar autores grecolatinos clásicos que describían las sociedades con las que interactuaban comercial, cultural o militarmente. Toda   literatura de viajes hace también esta misma función. En las épocas en las que se tiende a realizar grandes viajes se da un marco propicio para conocer nuevas culturas y nuevas personas. Los viajes de Marco Polo, la vuelta al mundo del caballero Pigafeta,   los textos de misioneros y conquistadores... son obras, primeros tratados etnográficos, que en la actualidad nos sirven para comprender cómo eran esas culturas que, a veces absorbidas, a veces reprimidas, ya no perviven.

Con esto queremos llegar a que Antropología y Sociología son inherentes del ser humano porque son seres humanos estudiando seres humanos. Investigador y objeto de estudio convergiendo en una única unidad. Podríamos incluir, para dar más profundidad a nuestro estudio, Filosofía, Psicología o Humanidades, sin dejar de pasar por alto el "ámbito de ciencias": Las matemáticas, pues sus modelos dan explicación a nuestra realidad, la biología que nos ayuda a entender nuestro organismo en interacción con el medio. Un marco científico y académico complejo para explicar un hecho complejo.

Y como las sociedades van cambiado, también las ciencias que las analizan se han visto obligadas a transformarse para ser capaces de comprender el medio en el que se mueve. No es cuestión de romper y hacer tabla rasa con el pasado, pues muchas de las técnicas iniciales son pertinentes para seguir explicando las nuevas realidades, pero sí que se hace necesario adaptar estas herramientas y buscar otras nuevas para analizar no sólo al ser humano, sino para analizar al ser humano del siglo XXI, nosotros mismos, desprovistos de perspectiva histórica e inmersos en un proceso constante de cambio, donde la Nanotecnología, la Biotecnología, las Tecnologías de la Información y de las Comunicaciones, y las Ciencias Cognitivas, las tecnologías convergentes, tratan de iniciar un nuevo capítulo en la historia de la humanidad. Y en esta nueva realidad, las humanidades digitales, la ciberantropologia, están llamadas a jugar un papel esencial

16 DE DIC. DE 2014
Google news echa el cierre en su versión española

Si una empresa encarna el paradigma de sociedad de la información esa es sin duda Google. Decididamente en los últimos años esta compañía norteamericana se ha propuesto poner al alcance del navegante gran cantidad de recursos que hasta ahora estaban ignotos. Además de su insigne buscador, nos ofrecen de manera gratuita otros servicios como una cuenta de correo pionera en cuanto a su capacidad -la primera en ofrecer un 1 Gb de almacenamiento- su servicio de mapas, el portal de vídeos YouTube o las herramientas ofimáticas en línea de Drive. Otra de sus utilidades, quizás menos conocida, era Google News, buscador de noticias que ofrecía los titulares publicados por los principales rotativos mundiales.

El Gobierno español, con una actitud demasiado provinciana, ha considerado que por este servicio Google debería pagar a los diarios cuyas noticias eran referenciadas. Evidentemente, teniendo en cuenta que el idioma español es una parte pequeña dentro de la tarta de internet y que encima el español peninsular es una una pequeña fracción en el mundo hispanohablante, el gigante de la comunicación ha tomado las de Villadiego y ha dejado de ofrecer cobertura a los medios españoles, días antes incluso de que la ley entrará en vigor. Evidentemente esta no es la reacción que esperaban ni el gobierno ni los medios, quienes desde hoy ya se están arrepintiendo por una metedura de pata sin precedentes. Porque desde luego la cuestión a plantearse en este momento es quién hacía un servicio a quién. Es decir, si los diarios españoles ofrecía un recurso a Google o si Google era quien daba la oportunidad a los medios de conseguir más lectores. En su marcha atrás el Gobierno español afirma que cada periódico es libre de negociar con la multinacional si quiere que sus contenidos sean indexados. Sin embargo, esta tautológica respuesta carece de toda lógica, pues evidentemente esa era una negociación que a priori podía haberse realizado sin tener que llevar a cabo una legislación específica que no valdría para nada puesto que han provocado el efecto contrario. Decididamente este no es el camino para convertir una sociedad tradicional en una sociedad de la información.

21 DE DIC. DE 2014
Paraísos e infiernos fiscales y el mito de la patria

Últimamente se está haciendo una purga para que los ciudadanos paguen cada vez más a las arcas del estado: impuestos directos, indirectos, tasas múltiples, cotizaciones al gobierno nacional, al regional, al provincial, al municipal... una buena sangría que nos obliga dedicar más tiempo de nuestra vida a trabajar para crear una sociedad, paradójicamente, cada vez más polarizada. Y por qué no decirlo, también con un grave problema de corrupción y de falta de valores éticos.

En vez de depurar gastos gestión a la vez que responsabilidades, la Hacienda Pública saca sus tentáculos recaudatorios y su maquinaria propagandística intentando hacer ver que aquel que no cumple con los preceptos del señor Montoro es un pecaminoso enemigo de la patria. El último en la diana ha sido el piloto Marc Márquez, cuando ha anunciado que iba a fijar su domicilio en Andorra. Esta práctica, llevada a cabo por deportistas de alto nivel y grandes empresarios desde hace tiempo tiene una razón evidente: pagar menos impuestos.

Los defensores a ultranza de la patria critican que, en este caso, un deportista corra bajo bandera española cuando no va a tributar en este país. Sin embargo deberíamos plantearnos si la cuestión es tan simple: este tipo de trabajos con beneficios tan abultados lleva una tributación próxima al cincuenta por ciento. Evidentemente es un porcentaje que sobrepasa la usura. Y tal vez la acción de acusar a estas personas de antipatriotas pueda esconder una perversa doble moral ya que si criticamos la huida de estos capitales hacia los llamados paraísos fiscales es que quizás queramos esconder una verdad que duele -sobre todo a aquellos que no pueden hacerlo- y es que el resto vive en un infierno fiscal y en la mayoría de los casos no tiene medios para huir de él. Respecto a la segunda cuestión, sí estos deportistas tendrían derecho a correr con la bandera española en pruebas internacionales, tal vez deberíamos plantearnos que quizás la participación en estas pruebas da una publicidad gratuita a la "marca" España, que de otra manera no podríamos pagar.

28 DE DIC. DE 2014
¿Podrá la justicia española eliminar Uber?

Días después de que una futura ley española provocará la espantada de Google News, los juzgados vuelven a la carga. Ahora van contra Uber. El Juzgado de lo Mercantil nº 2 de Madrid ha solicitado a varias compañías de telecomunicaciones para que cesen "de modo inmediato" la prestación de alojamiento a la empresa o de facilitar la contratación con la misma.

Uber no ha querido verse afectada por esta decisión y rápidamente ha actualizado su app para que los usuarios españoles pudieran seguir usando sus servicios. Igualmente, es fácil encontrar en la red cómo saltar el bloqueo por DNS que han aplicado operadoras como Movistar o Vodafone para que la web de la empresa no se muestre a los navegantes españoles . Y es que Internet es un medio globalizado y es poco probable que una jurisdicción nacional pueda controlarla de puertas afuera. Sobre todo cuando se trata decisiones más que discutibles, ya que en otros países de nuestro entorno, Uber opera con normalidad. Así pues, la solución para la empresa rebelde es sencilla: ubicar su servidor en otro país.

Evidentemente, hay lobbies que buscaban esta sentencia y que a priori se mostraban satisfechos con el cierre, como ocurre con los taxistas. Este colectivo se ampara en que hay que pagar impuestos, circular dados de alta y cotizar. Pero lo que se esconde tras esta pataleta es que el sector del taxi es un coto privado donde no puede entrar cualquiera. Así pues, visto que este tipo de sentencias judiciales no van a llegar nunca a buen puerto ¿no sería más fácil liberalizar el sector del transporte de pasajeros y que se estableciera una competencia leal entre los modelos clásicos y los modelos 2.0? El futuro está aquí, y jueces y taxistas deberían quitarse la venda de los ojos y aceptar que nos encontramos en mundo global donde las formas de interactuar cambian día a día.

31 DE DIC. DE 2014
Elecciones y fe

En este año acaba podemos destacar   la irrupción de grupos de acción política basados, al menos estéticamente, en la expresión del poder horizontal. En nombre de la voz de la calle, la decisión del pueblo y mediante herramientas como las asambleas, ya sea al modo tradicional o mediante apps diseñadas al uso, se ha intentado hacer ver al al electorado que una nueva forma de hacer política es posible. Sin embargo, a la postre, ha resultado más un ejercicio de politología, o de cómo aplicar los modelos teóricos para hacer partidos de laboratorio, aplicando viejas ideas pero cuidando al detalle las formas.

Por triste que parezca, y a pesar de entrar en un año con un fuerte compromiso electoral, el modelo democrático aún deja que desear y votar y creer en dios viene a ser exactamente lo mismo, ya que ante una situación de emergencia social el votante hace "un ejercicio de fe". Como conceptos filosóficos son idénticos.

www.antropiQa.com

www.alfonsovazquez.com

Detalles del producto
ISBN 9781291568677
Copyright Alfonso VázquezAtochero
Edición Primera edición
Editor AnthropiQa
Publicado 22 de septiembre de 2013
Idioma Español
Páginas259
Tipo de encuadernado Libro en rústica con
encuadernación americana
Tinta interior Blanco y negro
Peso 0,44 kg
Dimensiones 14,81 de ancho x 20,98 de alto

En estas páginas se refleja de forma distendida y amena como la red Internet puede mantener en contacto a personas de muy diferente localización, costumbres y posiciones, de tal forma que el conglomerado de ideas, noticias, espíritu y sentimientos quedan a disposición de cuantos pasean por las autopistas de la información. Es el Blog un nuevo útil con muy diferentes propósitos. El Blog "¿Hacia dónde vamos? Ciberantropología y Comunicación Audiovisual" es un punto de encuentro en el que poder disertar sobre que nos deparan los avances tecnológicos y autopistas de la información, como están influyendo en nuestras vidas, en qué modo se verá impactada nuestra realidad social y qué nuevas expresiones culturales traerán consigo.

Ciberantropología, etnografía de la sociedad red Termómetro 2008-12 de la Sociedad de la Información

Detalles del producto
ISBN 9781291776058
Copyright Siberius de Ura y Dominicus
Jerónimos
Edición Primera
Editor AnthropiQa 2.0
Publicado 9 de marzo de 2014
Idioma Español
Páginas 181
Tipo de encuadernado Libro en rústica con
encuadernación americana
Tinta interior Blanco y negro
Peso 0,33 kg
Dimensiones 14,81 de ancho x 20,98 de alto

Internet ha permitido la creación de los más diversos mundos virtuales para satisfacer múltiples inquietudes y curiosidades. La Abadía de Ura es ejemplo de una comunidad virtual selecta e intimista.

Siberius de Ura y Dominicus Jerónimos, pastores de este espacio cibernético, nos cuentan cómo funciona y qué normas rigen este lugar de reflexión y recogimiento.

Espiritualidad para la Nueva Civilización. Los monjes del ciberespacio en la Abadía de Ura

Detalles del producto
ISBN 9781291777550
Copyright Alfonso Vázquez Atochero
Edición Primera
Editor AnthropiQa 2.0
Publicado 10 de marzo de 2014
IdiomaEspañol
Páginas101
Tipo de encuadernado Libro en rústica con
encuadernación americana
Tinta interior Blanco y negro
Peso 0,2 kg
Dimensiones 14,81 de ancho x 20,98 de alto

Ciberantropología, el blog tecnológico, creció en 2013 y se convirtió en un espacio de reflexión social. Este blog hecho libro recoge momentos significativos de 2013, eso sí, desde un punto de vista antropológico y sociológico.

Alfonso Vázquez es antropólogo y doctor en comunicación audiovisual. Colaborador en varios espacios académicos, su página www.alfonsovazquez.com pretende ser un observatorio etnográfico de las sociedades tecnológicas postmodernas.

¿Hacia dónde vamos? Repensando las sociedades postmodernas

Detalles del producto
ISBN 9781291792997
Copyright Dominicus
Edición Primera
Editor AnthropiQa 2.0
Publicado 21 de marzo de 2014
Idioma Español
Páginas 90
Tipo de encuadernado Libro en rústica con
encuadernación americana
Tinta interior Blanco y negro
Peso 0,19 kg
Dimensiones 14,81 de ancho x 20,98 de alto

Siguiendo la estela de la espiritualidad virtual en la Abadía de Ura, su Prior nos aporta los "Diálogos con Dios", intento este de mostrar el eterno diálogo que el hombre está obligado a hacer con su Creador.

Dominicus Jerónimos, seudónimo de un hombre de nuestro tiempo que se permite en el universo del ciberespacio hablar de Dios y con Dios.
Diálogos con Dios. Enseñanzas del prior de Ura

Riccardo Campa
El tiempo de la inedia
El invierno de Gunter

anthropiQa 2.0
Serie Filosofía 001

Detalles del producto
ISBN 9781312617001
Copyright Riccardo
Edición Primera
Editor AnthropiQa 2.0
Publicado 21 de octubre de 2014
Idioma Español
Páginas95
Tipo de encuadernado Libro en rústica con
encuadernación americana
Tinta interior Blanco y negro
Peso 0,19 kg
Dimensiones 14,81 de ancho x 20,98 de alto

En la tradición literaria latinoamericana la dictadura tiene un componente estético además de político e institucional. Su aceptación y su rechazo fluyen de una tensión emotiva, que se refleja en las representaciones espectaculares. El vigor de la eficiencia y su enunciación condenan a los «herejes», a los disidentes, al exilio o a las prisiones de la patria, de las cuales a menudo se salvan por el descredito del poder dominante o por el compromiso ideológico, asumido como el tributo de la supervivencia.

El tiempo de la inedia. El invierno de Gunter